De L'influence des Passions sur le Bonheur des Individus et des Nations

Staël (Anne-Louise-Germaine), Lancelot Holland

BIBLIOLIFE

DE L'INFLUENCE

DES

PASSIONS

SUR

LE BONHEUR DES INDIVIDUS ET DES NATIONS.

PAR

MAD. LA BARONNE STAEL DE HOLSTEIN.

Quæsivit cœlo lucem ingemuitque repertâ.

LONDRES:

CHEZ COLBURN, LIBRAIRE,
CONDUIT-STREET, HANOVER-SQUARE.

1813.

TABLE
DES CHAPITRES.

———•

DE L'INFLUENCE

PASSIONS.

INTRODUCTION.

QUELLE époque ai-je choisi pour faire un traité sur le bonheur des individus et des nations! Est-ce au milieu d'une crise dévorante qui atteint toutes les destinées, lorsque la foudre se précipite dans le fond des vallées, comme sur les lieux élevés? Est-ce dans un tems où il suffit de vivre pour être entraîné par le mouvement universel, où, jusqu'au sein même de la tombe, le repos peut être troublé, les morts jugés de nouveau, et leurs urnes populaires tour à tour admises ou rejetées dans le temple où les factions croyaient donner l'immortalité? Oui, c'est dans ce siècle, c'est lorsque l'espoir ou le besoin du bonheur a soulevé la race hu-

maine; c'est dans ce siècle sur-tout qu'on
est conduit à réfléchir profondément sur
la nature du bonheur individuel et politique, sur sa route, sur ses bornes, sur les
écueils qui séparent d'un tel but. Honte à
moi cependant si, durant le cours de deux
épouvantables années, si pendant le règne de
la terreur en France, j'avais été capable d'un
tel travail; si j'avais pu concevoir un plan,
prévoir un résultat à l'effroyable mélange de
toutes les atrocités humaines. La génération qui nous suivra examinera peut-être
aussi la cause et l'influence de ces deux
années; mais nous, les contemporains, les
compatriotes des victimes immolées dans
ces jours de sang, avons-nous pu conserver
alors le don de généraliser les idées, de méditer des abstractions, de nous séparer un moment de nos impressions pour les analyser?
Non, aujourd'hui même encore, le raisonnement ne saurait approcher de ce tems in-
commensurable. Juger ces événemens, de
quelques noms qu'on les désigne, c'est les
faire rentrer dans l'ordre des idées existantes,
des idées pour lesquelles il y avait déjà des
expressions. A cette affreuse image, tous
les mouvemens de l'ame se renouvellent ; on
frisonne ; on s'enflamme, on veut combattre,

ón souhaite de mourir ; mais la pensée ne peut
se saisir encore d'aucun de ces souvenirs ; les
sensations qu'ils font naître absorbent toute
autre faculté. C'est donc en écartant cette
époque monstrueuse, c'est à l'aide des autres
événemens principaux de la Révolution de
France et de l'histoire de tous les peuples,
que j'essayerai de réunir des observations
impartiales sur les gouvernemens ; et si ces
réflexions me conduisent à l'admission des
premiers principes sur lesquels se fondent la
constitution républicaine de France, je demande que, même au milieu des fureurs de
l'esprit de parti qui déchirent la France, et
par elle le reste du monde, il soit possible de
concevoir que l'enthousiasme de quelques
idées n'exclut pas le mépris profond pour
certains hommes,* et que l'espoir de l'avenir
se concilie avec l'exécration du passé. Alors
même que le cœur est à jamais déchiré par

---

* Il me semble que les véritables partisans de la liberté
républicaine, sont ceux qui detestent le plus profondément
les forfaits qui se sont commis en son nom. Leurs adversaires peuvent sans doute éprouver la juste horreur du
crime ; mais comme ces crimes mêmes servent d'argument
à leur système, ils ne leur font pas ressentir, comme aux
amis de la liberté, tous les genres de douleur à-la-fois.

les blessures qu'il a reçues, l'esprit peut
encore, après un certain tems, s'élever à des
méditations générales.

On doit considérer à présent ces grandes
questions qui vont décider de la destinée
politique de l'homme, dans leur nature
même, et non sous le rapport seul des malheurs qui les ont accompagnées ; il faut
examiner du moins si ces malheurs sont de
l'essence même des institutions qu'on veut
établir en France, ou si les effets de la
Révolution ne sont pas absolument distincts
de ceux de la constitution ; enfin, on doit se
confier assez à l'élévation de son ame pour
ne pas craindre, en examinant des pensées,
d'être soupçonné d'indifférence pour les
crimes.   C'est avec la même indépendance
d'esprit, que j'ai tâché, dans la première
partie de cet ouvrage, de peindre les effets
des passions de l'homme sur son bonheur
personnel.   Je ne sais pourquoi il serait
plus difficile d'être impartial dans les
questions de politique que dans les questions
de morale : certes, les passions influent
autant que les gouvernemens sur le sort de la
vie, et cependant, dans le silence de la retraite,
on discute avec sa raison les sentimens qu'on
a soi-même éprouvés ; il me paraît qu'il ne

doit pas en coûter plus, pour parler philosŏ-
phiquement des avantages ou des inconvéniens des républiques et des monarchies, que
pour analyser avec exactitude l'ambition,
l'amour, ou telle autre passion qui a décidé
de votre existence. Dans les deux parties
de cet ouvrage,. j'ai également cherché à ne
me servir que de ma pensée, à la dégager de
toutes les impressions du moment ; on verra
si j'ai réussi.

Les passions, cette force impulsive qui
entraîne l'homme indépendamment de sa
volonté, voilà le véritable obstacle au bonheur
individuel et politique. Sans les passions,
les gouvernemens seraient une machine aussi
simple qué tous les leviers dont la force est
proportionnée au poids qu'ils doivent soulever,
et la destinée de l'homme ne serait composée
que d'un juste équilibre entre les désirs et la
possibilité de les satisfaire. Je ne considérerai
donc la morale et la politique que sous le
point de vue des difficultés que les passions
leur présentent ; les caractères qui ne sont
point passionnés se placent d'eux-mêmes
dans la situation qui leur convient le mieux ;
c'est presque toujours celle que le hasard leur
a désignée, ou, s'ils y apportènt quelque
changement, c'est seulement dans ce qui

s'offre le plus facilement à leur portée,
Laissons-les donc dans leur calme heureux,
ils n'ont pas besoin de nous ; leur bonheur
est aussi varié en apparence que les différens
lots qu'ils ont reçu de la destinée ; mais la
base de ce bonheur est toujours la même,
c'est la certitude de n'être jamais ni agité ni
dominé par aucun mouvement plus fort que
soi ; l'existence de ces êtres impassibles est
soumise sans doute, comme celle de tous les
hommes, aux accidens matériels qui renversent la fortune, détruisent la santé, etc.
Mais c'est par des calculs positifs, et non par
des pensées sensibles ou morales, qu'on
éloigne ou prévient de semblables peines ; le
bonheur des caractères passionnés au contraire, étant tout-à-fait dépendant de ce qui
se passe au-dedans d'eux, ils sont les seuls
qui trouvent quelque soulagement dans les
réflexions qu'on peut faire naître dans leur
ame. Leur entraînement naturel les exposant
aux plus cruels malheurs, ils ont plus besoin
du système qui a pour but unique d'éviter la
douleur. Enfin, les caractères passionnés
sont les seuls qui, par de certains points de
ressemblance, peuvent être tous l'objet des
mêmes considérations générales. Les autres
vivent un à un, sans analogie comme sans

variété, leur existence est monotone, quoique
chacun d'eux ait un but différent, et il y a
autant de nuances que d'individus, sans
qu'on puisse découvrir une véritable couleur.
Si, dans le traité sur le bonheur individuel,
je ne parle que des caractères passionnés, il
est encore plus naturel d'analyser les gouvernemens sous le rapport de la part qu'ils
laissent à l'influence des passions. On peut
considérer un individu comme exempt de
passions : mais une collection d'hommes est
composée d'un nombre certain de caractères
de tous les genres qui donnent un résultat à-
peu-près pareil ; il faut observer que les circonstances les plus dépendantes du hasard,
sont soumises à un calcul positif quand les
chances se multiplient. Dans le Canton de
Berne, par exemple, on a remarqué que tous
les dix ans il y avoit à-peu-près la même
quantité de divorces ; il y a des villes d'Italie
où l'on calcule avec exactitude combien
d'assasinats se commettent régulièrement
tous les ans ; ainsi, les événemens qui
tiennent à une multitude de combinaisons
diverses, ont un retour périodique, une proportion fixe, quand les observations sont le
résultat d'un grand nombre de chances.
C'est ce qui doit conduire à penser que la

science politique peut acquérir un jour une
évidence géométrique, La morale, chaque
fois qu'elle s'applique à tel homme en particulier, peut se tromper entièrement dans ses
suppositions par rapport à lui ; l'organisation
d'une constitution se fonde toujours sur des
données fixes, puisque le grand nombre en
tout genre amène des résultats toujours semblables et toujours prévus.   Les passions
sont la plus grande difficulté des gouvernemens ; cette vérité n'a pas besoin d'être
développée : on voit aisément que toutes les
combinaisons sociales les plus despotiques
conviendraient également à des hommes
inertes qui seraient contens dé rester à la
place que le sort leur aurait fixée, et que la
théorie démocratique la plus abstraite serait
praticable au milieu d'hommes sages uniquement conduits par leur raison.   Le seul
problème des constitutions est donc de
connaître jusqu'à quel degré on peut exciter
ou comprimer les passions, sans compromettre
le bonheur public.

Avant d'aller plus loin, l'on demanderait,
peut-être, une définition du bonheur ; le
bonheur, tel qu'on le souhaite, est la réunion
de tous les contraires ; c'est, pour les individus,
l'espoir sans la crainte, l'activité sans l'inqui-

étudé, la gloire sans la calomnie, l'amour sans l'inconstance, l'imagination qui embellirait à nos yeux ce qu'on possède, et flétriroit le souvenir de ce qu'on aurait perdu ; enfin, l'inverse de la nature morale, le bien de tous les états, de tous les talens, de tous les plaisirs, séparé du mal qui les accompagne ; le bonheur des nations serait aussi de concilier ensemble la liberté des républiques et le calme des monarchies, l'émulation des talens et le silence des factions, l'esprit militaire au-dehors et le respect des loix au-dedans : le bonheur, tel que l'homme le conçoit, c'est ce qui est impossible en tout genre ; et le bonheur, tel qu'on peut l'obtenir, le bonheur sur lequel la réflexion et la volonté de l'homme peuvent agir, ne s'acquiert que par l'étude de tous les moyens les plus sûrs pour éviter les grandes peines. C'est à la recherche de ce but que ce livre est destiné.

Deux ouvrages doivent se trouver dans un seul ; l'un étudie l'homme dans ses rapports avec lui-même, l'autre dans les relations sociales de tous les individus entr'eux ; quelqu' analogie se trouve dans les idées principales de ces deux traités, parce qu'une nation présente le caractère d'un homme, et que la force du gouvernment doit agir sur elle, comme la puissance de la raison d'un individu sur lui-même. Le philosophe veut rendre durable la volonté passagère de la réflexion ; l'art social tend à perpétuer l'action de la sagesse ; enfin ce qui est grand se retrouve dans ce qui est petit, avec la même exactitude de proportions : l'univers tout entier se peint dans chacune de ses parties, et plus il paraît l'œuvre d'une seule idée, plus il inspire d'admiration.

Une grande différence, cependant, existe entre le système du bonheur de l'individu et celui du bonheur des nations ; c'est que, dans le premier, on peut avoir pour but l'indépendance morale la plus parfaite, c'est-à-dire, l'asservissement de toutes les passions, chaque homme pouvant tout tenter sur lui-même ; mais que, dans le second, la liberté politique doit toujours être calculée d'après l'existence positive et indestructible d'une certaine quantité d'êtres passionnés, faisant partie du peuple qui doit être gouverné. La première partie est uniquement consacrée aux réflexions sur la destinée particulière de l'homme. La seconde partie doit traiter du sort constitutionnel des nations.

La première partie est divisé en trois
sections ; la première traite successivement
de l'influence de chaque passion sur le
bonheur de l'homme ; la seconde analyse
le rapport de quelques affections de l'ame
avec la passion ou avec la raison ; la
troisième offre le tableau des ressources
qu'on trouve en soi, de celles qui sont indépendantes du sort, et sur-tout de la volonté
des autres hommes.

Dans la seconde partie, je compte examiner les gouvernemens anciens et modernes
sous le rapport de l'influence qu'ils ont
laissée aux passions naturelles aux hommes
réunis en corps politique, et trouver, la
cause de la naissance, de la durée et de
la destruction des gouvernemens, dans la
part plus ou moins grande qu'ils ont faite
au besoin d'action qui existe dans toute
société. Dans la première section de la
seconde partie, je traiterai des raisons qui se
sont opposées à la durée et sur-tout au
bonheur des gouvernemens, où toutes les
passions ont été comprimées.—Dans la
seconde section, je traiterai des raisons qui se
sont opposées an bonheur et sur-tout à la
durée des gouvernemens, où toutes les passions ont été excitées.—Dans la troisième

section, je traiterai des raisons qui détour-
nent la plupart des hommes de se borner à
l'enceinte des petits Etats, où la liberté démocratique peut exister, parce que là les
passions ne sont point excitées par aucun
but, par aucun théâtre propre à les enflammer. Enfin, je terminerai cet ouvrage par
des réflexions sur la nature des constitutions
représentatives, qui peuvent concilier une
partie des avantages regrettés dans les divers
gouvernemens.

Ces deux ouvrages conduisent nécessairement l'un à l'autre; car si l'homme parvenait
individuellement à dompter ses passions,
le système des gouvernemens se simplifierait
tellement qu'on pourrait alors adopter, comme
praticable, l'indépendance complette, dont
l'organisation des petits Etats est susceptible. Mais quand cette théorie métaphysique serait impossible, au moins, il est vrai,
que plus l'on travaille à calmer les sentimens
impétueux qui agitent l'homme au-dedans de
lui, moins la liberté publique a besoin d'être
modifiée ; ce sont toujours les passions qui
forcent à sacrifier de l'indépendance pour
assurer l'orde, et tous les moyens qui tendent
à rendre l'empire à la raison, diminuent
le nombre nécessaire des sacrifices de liberté.

—J'ai à peine commencé la seconde partie politique, dont je ne puis donner une idée par ce peu de mots. En m'en occupant, je vois qu'il faut long-tems pour réunir toutes les connaissances, pour faire toutes les recherches qui doivent servir de base à ce travail ; mais si les accidens de la vie ou les peines du cœur bornaient le cours de ma destinée, je voudrais qu'un autre accomplît le plan que je me suis proposé. En voici quelques apperçus incomplets qui ne permettent pas de juger de l'ensemble.

Il faudrait d'abord, en analysant les gouvernemens anciens et modernes, chercher dans l'histoire des nations ce qui appartient seulement à la nature de la constitution qui les dirigeait. Montesquieu, dans son sublime ouvrage *sur les causes de la grandeur et de la décadence des Romains*, a traité, tout ensemble, les causes diverses qui ont influé sur le sort de cet Empire; il faudrait apprendre dans son livre, et démêler dans l'histoire de tous les autres peuples, les événemens qui sont la suite immédiate des constitutions, et peut-être trouverait-on que tous les événemens dérivent de cette cause: les nations sont élevées par leur gouvernement, comme les enfans par l'autorité paternelle. Et l'effet du gouvernement n'est pas incertain comme celui de l'education particulière, puisque, comme je l'ai déjà dit, les chances du hasard subsistent par rapport au caractère d'un homme, tandis que dans la réunion d'un certain nombre, les résultats sont toujours pareils. L'organisation de la puissance publique, qui excite ou comprime l'ambition, rend telle ou telle religion plus ou moins nécessaire, tel ou tel code pénal trop indulgent ou trop sévère, telle étendue de pays dangereuse ou convenable ; enfin c'est de la manière dont les peuples conçoivent l'ordre social, que dépend le destin de la race humaine sous tous les rapports. La plus grande perfectibilité dont elle puisse être susceptible ; c'est d'acquérir des idées certaines sur la science politique. Si les nations étaient en paix au-dehors et au-dedans, les arts, les connaissances, les découvertes en divers genres feraient chaque jour de nouveaux progrés, et la philosophie ne perdrait pas en deux ans de guerre civile, ce qu'elle avait acquis pendant des siècles tranquilles. Après avoir bien établi l'importance première de la nature des constitutions, il faudrait prouver leur influence par l'examen des faits caractéristiques de l'histoire des mœurs, de l'administration, de la littérature, de l'art militaire de tous les peuples. J'étudierai d'abord les pays qui, dans tous les tems, ont été gouvernés despotiquement, et, motivant leurs différences apparentes, je montrerari que leur histoire, sous le rapport des causes et des effets, a toujours été parfaitement semblable, et j'expliquerai quel effet doit constamment produire sur les hommes la compression de leurs mouvemens naturels par une force au-dehors d'eux, et à laquelle leur raison n'a pu donner aucun genre de consentement. Dans l'examen des anarchies démagogiques ou militaires, il faut montrer aussi que ces deux causes, qui paraissent opposées, donnent des résultats pareils, parce que, dans les deux états, les passions politiques sont également excitées parmi les hommes par l'éloignement de toutes les craintes positives, et l'activité de toutes les espérances vagues. Dans l'étude de certains Etats, qui par leurs circonstances, encore plus que par leur petitesse, sont dans l'impossibilité de jouer un grand rôle au-dehors, et n'offrent point au-dedans de place qui puisse contenter l'ambition et le génie, il faudrait observer comment l'homme tend à l'exercice de ses facultés;

comment il veut aggrandir l'espace en proportion de ses forces. Dans les Etats
obscurs, les arts ne font aucun progrès, la
littérature ne se perfectionne, ni par l'émulation qui excite l'éloquence, ni par la multitude des objets de comparaison, qui seule
donne une idée fixe du bon goût. Les
hommes, privés d'occupations fortes, se
reserrent tous les jours plus dans le cercle
des idées domestiques, et la pensée, le talent,
le génie, tout ce qui semble des dons de la
nature, ne se développe cependant que par
la combinaison des sociétés; le même
nombre d'hommes divisé, séparé, sans mobile
et sans but, n'offre pas un génie supérieur,
une ame ardente, un caractère énergique;
tandis que dans d'autres pays, parmi les
mêmes êtres, plusieurs se seraient élevés au-
dessus de la classe commune, si le but avait
fait naître l'intérêt, et l'intérêt l'étude, et la
recherche des grands moyens et des grandes
pensées.

Sans s'arrêter long-tems sur les motifs de
la préférence que la sagesse conseillerait
peut-être de donner aux Etats comme aux
destinées obscures, il est aisé de prouver
que, par la nature même des hommes, ils
tendent à sortir de cette situation, qu'ils se

réunissent pour multiplier les chocs, qu'ils
conquèrent pour étendre leur puissance;
enfin, que voulant exciter leurs facultés,
reculer en tout genre les bornes de l'esprit
humain, ils appellent autour d'eux, d'un
commun accord, les circonstances qui secondent ce désir et cette impulsion. Ces
diverses réflexions ne pourraient avoir de
prix qu'en les appuyant sur des faits, sur une
connaissance détaillée de l'histoire, qui
présente toujours des considérations nouvelles, quand on l'étudie avec un but déterminé, et que, guidé par l'éternelle ressemblance de l'homme avec l'homme, on
recherche une même vérité à travers la
diversité des lieux et des siècles. Ces différentes réflexions conduiraient enfin au principal but des débats actuels, à la manière de
constituer une grande nation avec de l'ordre
et de la liberté, et de réunir ainsi la splendeur
des beaux arts, des sciences et des lettres,
tant vantées dans les monarchies, avec l'indépendance des républiques; il faudrait créer
un gouvernement qui donnât de l'émulation
au génie, et mît un frein aux passions fac-
tieuses; un gouvernement qui pût offrir à
un grand homme un but digne de lui, et
décourager l'ambition de l'usurpateur; un

gouvernement qui présentât, comme je l'ai
dit, la seule idée parfaite de bonheur en tout
genre, la réunion des contrastes. Autant le .
moraliste doit rejeter cet espoir, autant le
législateur doit tâcher de s'en rapprocher :
l'individu qui prétend pour lui-même à ce
résultat, est un insensé ; car le sort qui n'est
pas dans sa main déjoue de toutes les manières
de telles espérances ; mais les gouvernemens
tiennent, pour ainsi dire, la place du sort par
rapport aux nations ; comme ils agissent sur
la masse, leurs effets et leurs moyens sont
assurés. Il ne s'ensuit pas qu'il faille croire
à la perfection dans l'ordre social; mais il est
utile, pour les legislateurs, de se proposer ce
but, de quelque manière qu'ils conçoivent sa
route. Dans cet ouvrage donc que je ferai,
ou que je voudrais qu'on fît, il faudrait mettre
absolument de côté tout ce qui tient à l'esprit
de parti ou aux circonstances actuelles ; la
superstition de la royauté, la juste horreur
qu'inspirent les crimes dont nous avons été
les témoins, l'enthousiasme même de la république, ce sentiment qui, dans sa pureté,
est le plus élevé que l'homme puisse concevoir. Il faudrait examiner les institutions
dans leur essence même, et convenir qu'il
n'existe plus qu'une grande question qui

divise encore les penseurs ; savoir, si, dans la combinaison des gouvernemens mixtes, il faut, ou non, admettre l'hérédité. On est d'accord, je pense, sur l'impossibilité du despotisme, ou de l'établissement de tout pouvoir qui n'a pas pour but le bonheur de tous ; on l'est aussi, sans doute, sur l'absurdité d'une constitution démagogique,* qui bouleverserait la société au nom du peuple qui la compose. Mais les uns croyent que la garantie de la liberté, le maintien de l'ordre, ne peut subsister qu'à l'aide d'une puissance héréditaire et conservatrice ; les autres reconnaissent de même la vérité du principe, que l'ordre seul, c'est-à-dire l'obéissance à la justice, assure la liberté : mais ils pensent que ce résultat peut s'obtenir sans un genre d'institutions que la nécessité seule peut faire admettre, et qui doivent être rejetées par la raison, si la raison prouve qu'elles ne servent pas mieux que les idées naturelles au bonheur de la société. C'est sur ces deux questions, il me semble, que tous les esprits devraient s'exercer : il

---

* J'entends par constitution démagogique, celle qui met le peuple en fermentation, confond tous les pouvoirs, enfin la constitution de 1793. Le mot de democratie étant pris, de nos jours, dans diverses acceptions, il ne rendrait pas avec exactitude ce que je veux exprimer.

faut les séparer absolument de ce que nous
avons vu, et même de ce que nous voyons,
enfin de tout ce qui appartient à la révolution ; car, comme on l'a fort bien dit, il faut
que cette révolution finisse *par le raisonnement*, et il n'y a de vaincu que les hommes
persuadés.   Loin donc de ceux qui ont
quelque valeur personnelle, toutes les déno-
minations d'esclaves et de factieux, de con-
spirateurs et d'anarchistes, prodiguées aux
simples opinions ; les actions doivent être
soumises aux loix : mais l'univers moral
appartient à la pensée ; quiconque se sert de
cette arme, méprise toutes les autres, et
l'homme qui l'emploie est par cela seul incapable de s'abaisser à d'autres moyens.—
Plusieurs ouvrages de très bons auteurs ren-
ferment des raisons en faveur de l'hérédité
modifiée, ou comme en Angleterre, c'est-à-
dire, composant deux branches du gouvernement, dont le troisième pouvoir est purement
représentatif ; ou comme à Rome, lorsque la
puissance politique était divisée entre la
démocratie et l'aristocratie, le peuple et le
sénat ; il faudrait donc déduire tous les motifs
qui ont fait croire que la balance de ces intérêts opposés pouvait seule donner de la
stabilité aux gouvernemens ; que l'homme

qui se croit des talens, ou se voit de l'autorité,
tendant naturellement, d'abord aux distinctions personnelles, et ensuite aux distinctions
héréditaires, il vaut mieux créer légalement
ce qu'il conquérera de force. Il faudrait
développer et ces raisons, et beaucoup d'autres
encore, exceptant de part et d'autre celles
qu'on croit tirer du droit pour ou contre ;
car le droit en politique, c'est ce qui conduit
le plus sûrement au bonheur général ; mais
l'on doit exposer sincèrement tous les moyens
de ses adversaires quand on les combat de
bonne foi.

On pourrait opposer à leurs raisonnemens,
que la principale cause de la destruction de
plusieurs gouvernemens a été d'avoir con-
stitué dans l'Etat deux intérêts opposés : on
a considéré comme le chef-d'œuvre de la
science des gouvernemens de mesurer assez
les deux actions contraires, pour que la
puissance aristocratique et démocratique se
balançât, comme deux lutteurs qu'une égale
force rend immobiles. En effet, le moment
le plus prospère dans tous ces gouvernemens
est celui où cette balance, subsistant d'une
manière parfaite, donne le repos qui naît de
deux efforts contenus l'un par l'autre, mais

cet état ne peut être durable. A l'instant
où, pour suivre la comparaison, l'un des deux
lutteurs perd un moment l'avantage, il
terrasse l'autre qui se venge en le renversant
à son tour. Ainsi l'on a vu la république
romaine déchirée, dès qu'une guerre, un
homme, ou le tems seul a rompu l'équilibre.
On dira qu'en Angleterre il y a trois intérêts,
et que cette combinaison plus savante, répond
de la tranquillité publique. Il n'y a jamais
trois intérêts dans un tel gouvernement; les
privilégiés héréditaires et ceux qui ne le sont
pas, peuvent être revêtus de noms différens ;
mais la division se fait toujours sur ces deux
bases, l'on se sépare et l'on se rallie, d'après
ces deux grands motifs d'opposition. Ne
serait-il pas possible que le genre humain,
témoin et victime de ce principe de haine,
de ce germe de mort qui a détruit tant
d'Etats, pût chercher et trouver la fin du
combat de l'aristocratie et de la démocratie,
et qu'au lieu de s'attacher à la combinaison
d'une balance, qui par son avantage même,
par la part qu'elle accorde à la liberté, finit
toujours par être renversée, on examinât si
l'idée moderne du système représentatif
n'établit pas, dans le gouvernement, un seul

intérêt, un seul principe de vie, en rejetant
toutefois tout ce qui peut conduire à la
démocratie ?

Supposez d'abord un très petit nombre
d'hommes extraits d'une nation immense,
une élection combinée, et par deux degrés,
et par l'obligation d'avoir passé successivement dans les places qui font connaître les
hommes et exigent, et de l'indépendance de
fortune, et des droits à l'estime publique
pour s'y maintenir. Cette élection ainsi
modifiée, n'établirait-elle pas l'aristocratie
des meilleurs, la prééminence des talens, des
vertus et des propriétés? Ce genre de
distinction qui, sans faire deux classes de
droit, c'est-à-dire deux ennemis de fait,
donne aux plus éclairés la conduite du reste
des hommes, et faisant choisir les êtres
distingués par la foule de leurs inférieurs,
assure au talent sa place, et à la médiocrité
sa consolation ; donne une part à l'amour-
propre du vulgaire dans les succès des
gouvernans qu'ils ont choisis ; ouvre la
carrière à tous, mais n'y amène que le petit
nombre. L'avantage de l'aristocratie de
naissance, c'est la réunion des circonstances
qui rendent plus probables dans une telle
classe les sentimens généreux: l'aristocratie

de l'élection doit, alors que sa marche est
sagement graduée, appeler avec certitude les
hommes distingués par la nature aux places
éminentes de la société.—Ne serait-il pas
possible que la division des pouvoirs donnât
tous les avantages et aucun des inconvéniens
de l'opposition des intérêts ; que deux
chambres, un directoire exécutif, quoique
temporaire, fussent parfaitement distincts
dans leurs fonctions ; que chacun prît un
parti différent par sa place, mais non par
esprit de corps, ce qui est d'une toute autre
nature ? Ces hommes, séparés pendant le
cours de leurs magistratures, par les exercices
divers du pouvoir public, se réuniraient
ensuite dans la nation, parce qu'aucun intérêt
contraire ne les séparerait d'une manière
invincible. Ne serait-il pas possible qu'un
grand pays, loin d'être un obstacle à un tel
état de choses, fût particulièrement propre à
sa stabilité? parce qu'une conspiration, un
homme, peuvent s'emparer tout-à-coup de la
citadelle d'un petit Etat, et par cela seul
changer la forme de son gouvernement,
tandis qu'il n'y a qu'une opinion qui remue
à-la-fois trente millions d'hommes, que tout
ce qui n'est produit que par des individus,
ou par une faction qui n'est point ralliée au

mouvement public, est étouffé par la masse qui se porte sur chaque point. Il ne peut pas y avoir d'usurpateur dans un pays où il faudrait que le même homme ralliât l'opinion à lui, depuis le Rhin jusqu'aux Pyrénées; l'idée d'une constitution, d'un ordre légal consenti par tous, peut seule réunir et frapper à distance. Le gouvernement, dans un grand pays, a pour appui la masse énorme d'hommes paisibles; cette masse est beaucoup plus considérable à proportion même, dans une grande nation, que dans un petit pays. Les gouvernans, dans un petit pays, sont beaucoup plus multipliés par rapport aux gouvernés, et la part de chacun, à une action quelconque, est plus grande et plus facile : enfin, si l'on répétait d'une manière vague, qu'on n'a jamais vu une constitution fondée sur de telles bases, qu'il veut mieux adopter celles qui ont existé pendant des siècles, ou pourrait demander de s'arrêter à une réflexion qui mérite, je crois, une attention particulière.

Dans toutes les sciences humaines, on débute par les idées complexes; en se perfectionnant, l'on arrive aux idées simples; l'ignorance absolue dans ces combinaisons naturelles est moins éloignée du dernier terme

des connaissances que les demi-lumières.
Une comparaison fera mieux sentir ma
pensée : à la renaissance des lettres, les
premiers écrits qu'on a composés ont été
pleins de recherche et d'affectation. Les
grands écrivains, deux siècles après, ont
admis et fait admettre le genre simple ; et le
discours du sauvage qui s'écriait : *dirons-nous
aux ossemens de nos pères, levez-vous, et
marchez à notre suite ?* Ce discours avait
plus de rapport avec la langue de Voltaire,
que les vers empoulés de Brebeuf ou de
Chapelain. En mécanique, on avait d'abord
trouvé la machine de Marly, qui, avec des
frais énormes, élevait l'eau sur le sommet
d'une montagne ; après cette machine, on a
découvert des pompes qui produisent le
même effet avec infiniment moins de moyens :
sans vouloir faire d'une comparaison une
preuve, peut-être que lorsqu'il y a cent
ans en Angleterre, l'idée de la liberté
reparut sur la terre, l'organisation combinée du gouvernement anglais était le
plus haut point de perfection où l'on pût
atteindre alors ; mais aujourd'hui des bases
plus simples peuvent donner en France,
après la Révolution, des résultats pareils à
quelques égards, et supérieurs à d'autres.

Indépendamment de tous les crimes particuliers qui ont été commis, l'ordre social a été menacé de sa destruction pendant cette révolution par le système politique même qu'on avait adopté : les mœurs barbares sont plus près des institutions simples mal entendues, que des institutions compliquées ; mais il n'en est pas moins vrai que l'ordre social, comme toutes les sciences, se perfectionne à mesure qu'on diminue les moyens, sans affaiblir le résultat. Ces considérations, et beaucoup d'autres, conduiraient à un développement complet de la nature, et de l'utilité des pouvoirs héréditaires, faisant partie de la constitution ; et de la nature et de l'utilité des constitutions composées uniquement de magistratures temporaires. Car, il faut bien se le répéter, l'on est maintenant opposé sur ce point seul ; le reste des opinions despotiques et demagogiques sont des songes exaltés ou criminels, dont tout ce qui pense s'est réveillé.

On ferait quelque bien, je crois, en traitant d'une manière purement abstraite, des questions dont les passions contraires se sont tour à tour emparées. En examinant la vérité, séparément des hommes et des tems, on arrive à une démonstration qui se reporte

ensuite avec moins de peine sur les circonstances présentes. A la fin d'un semblable
ouvrage, cependant, sous quelque point de
vue général que ces grandes questions fussent
présentées, il serait impossible de ne pas finir
par les particulariser dans leur rapport avec
la France et le reste de l'Europe. Tout
invite la France à rester république ; tout
commande à l'Europe de ne pas suivre son
exemple : l'un des plus spirituels écrits de
notre tems, celui de Benjamin Constant, a
parfaitement traité la question qui concerne
la position actuelle de la France. Deux
motifs de sentiment me frappent sur-tout ;
voudrait-on souffrir une nouvelle révolution
pour renverser celle qui établit la république ? Et le courage de tant d'armées, et le
sang de tant de héros serait-il versé au nom
d'une chimère dont il ne resterait que le
souvenir des crimes qu'elle a coûtés ?

La France doit persister dans cette grande
expérience dont le désastre est passé, dont
l'espoir est à venir. Mais peut-on assez
inspirer à l'Europe l'horreur des révolutions ? Ceux qui détestent les principes de
la constitution de France, qui se montrent
les ennemis de toute idée libérale, et font un
crime d'aimer jusqu'à la pensée d'une repub-

lique, comme si les scélérats qui ont souillé
la France pouvaient déshonorer le culte des
Catons, des Brutus et des Sidney : ces
hommes intolérans et fanatiques ne per-
suadent point par leurs véhémentes décla-
mations les étrangers philosophes ; mais que
l'Europe écoute les amis de la liberté, les
amis de la république Française, qui se sont
hâtés de l'adopter, dès qu'on l'a pu sans
crime, dès qu'il n'en coûtait pas du sang
pour la désirer. Aucun gouvernement monarchique ne renferme assez d'abus maintenant pour qu'un jour de révolution
n'arrache plus de larmes que tous les maux
qu'on voudrait réparer par elle. Désirer une
révolution, c'est dévouer à la mort l'innocent
et le coupable ; c'est, peut-être, condamner
l'objet qui nous est le plus cher ; et jamais
on n'obtient soi-même le but qu'à ce prix
affreux on s'était proposé. Nul homme,
dans ce mouvement terrible, n'achève ce
qu'il a commencé ; nul homme ne peut se
flatter de diriger une impulsion dont la nature
des choses s'empare ; et cet Anglais qui
voulut descendre dans sa barque la chûte du
Rhin à Schaffouse, était moins insensé que
l'ambitieux qui croirait pouvoir se conduire
avec succès à travers une révolution toute

entière. Laissez-nous en France combattre, vaincre, souffrir, mourir dans nos affections, dans nos penchans les plus chers, renaître ensuite, peut-être, pour l'étonnement et l'admiration du monde. Mais laissez un siècle passer sur nos destinées ; vous saurez alors si nous avons acquis la véritable science du bonheur des hommes ; si le vieillard avait raison, ou si le jeune homme a mieux disposé de son domaine, l'avenir. Hélas ! n'êtes-vous pas heureux qu'une nation toute entière se soit placée à l'avant-garde de l'espèce humaine pour affronter tous les préjugés, pour essayer tous les principes ? Attendez, vous, génération contemporaine, éloignez encore de vous les haines, les proscriptions et la mort ; nul devoir ne pourrait exiger de tels sacrifices, et tous les devoirs, au contraire, font une loi de les éviter.

Qu'on me pardonne de m'être laissée entraîner au-delà de mon sujet ; mais qui peut vivre, qui peut écrire dans ce tems, et ne pas sentir et penser sur la révolution de France ?

J'ai tracé l'esquisse imparfaite de l'ouvrage que je projette. La première partie, que j'imprime à présent est fondée sur l'étude de son propre cœur, et les observations faites

sur le caractère des hommes de tous les tems.
Dans l'étude des constitutions, il faut se
proposer pour but le bonheur, et pour moyen
la liberté; dans la science morale de l'homme
c'est l'indépendance de l'ame qui doit être
l'objet principal; ce qu'on peut avoir de
bonheur en est la suite.   L'homme qui se
vouerait à la poursuite de la félicité parfaite,
serait le plus infortuné des êtres; la nation
qui n'aurait en vue que d'obtenir le dernier
terme abstrait de la liberté métaphysique,
serait la nation la plus misérable.   Les
législateurs doivent donc compter et diriger
les circonstances, et les individus chercher à
s'en rendre indépendans; les gouvernemens
doivent tendre au bonheur réel de tous, et les
moralistes doivent apprendre aux individus à
se passer de bonheur.   Il y a du bien pour la
masse dans l'ordre même des choses, et
cependant il n'est pas de félicité pour les
individus; tout concourt à la conservation de
l'espèce, tout s'oppose aux désirs de chacun,
et les gouvernemens, à quelques égards,
représentant l'ensemble de la nature, peuvent
atteindre à la perfection dont l'ordre général
offre l'exemple; mais les moralistes, parlant
aux hommes individuellement, à tous ces
êtres emportés dans le mouvement de

l'univers, ne peuvent leur promettre avec
certitude aucune jouissance personnelle, que
dans ce qui dépend toujours d'eux-mêmes.
Il y a de l'avantage à se proposer pour but de
son travail sur soi, la plus parfaite indépendance philosophique ; les essais même inutiles,
laissent encore après eux des traces salutaires ;
agissant à-la-fois sur son être tout entier, on
ne craint pas, comme dans les expériences
sur les nations, de disjoindre, de séparer,
d'opposer l'un à l'autre toutes les parties
diverses du corps politique. L'on n'a point,
au-dedans de soi, de transaction à faire avec
des obstacles étrangers ; l'on mesure sa force,
on triomphe, ou l'on se soumet ; tout est
simple, tout est possible même : car, s'il est
absurde de considérer une nation comme un
peuple de philosophes, il est vrai que chaque
homme en particulier peut se flatter de le
devenir.

Je m'attends aux diverses objections de
sentiment et de raisonnement qu'on pourra
faire contre le système développé dans cette
première partie. Rien n'est plus contraire,
il est vrai, aux premiers mouvemens de la
jeunesse, que l'idée de se rendre indépendant
des affections des autres ; on veut d'abord
consacrer sa vie à être aimé de ses amis, à

captiver la faveur publique. Il semble qu'on
ne s'est jamais assez mis à la disposition de
ceux qu'on aime, qu'on ne leur a jamais assez
prouvé qu'on ne pouvait exister sans eux ;
que l'occupation, les services de tous les
jours ne satisfont pas assez au gré de la
chaleur de l'ame, le besoin qu'on a de se
dévouer, de se livrer en entier aux autres :
on se fait un avenir tout composé des liens
qu'on a formés ; on se confie d'autant plus à
leur durée que l'on est soi-même plus incapable d'ingratitude ; on se sait des droits à la
reconnaissance ; on croit à l'amitié ainsi fondée plus qu'à aucun autre lien de la terre ;
tout est moyen, elle seule est le but. L'on
veut aussi de l'estime publique ; mais il
semble que vos amis vous en sont les garants:
on n'a rien fait que pour eux ; ils le savent,
ils le diront : comment la vérité, et la vérité
du sentiment ne persuaderait-elle pas ? Comment ne finirait-elle pas par être reconnue ?
Les preuves sans nombre qui s'échappent
d'elle de toutes parts, doivent enfin l'emporter
sur la fabrication de la calomnie. Vos
paroles, votre voix, vos accens, l'air qui vous
environne, tout vous semble empreint de ce
que vous êtes réellement, et l'on ne croit pas
à la possibilité d'être long-tems mal jugé ;

D

c'est avec ce sentiment de confiance qu'on
vogue à pleine voile dans la vie ; tout ce
qu'on a su, tout ce qu'on vous a dit de la
mauvaise nature d'un grand nombre d'hommes, s'est classé dans votre tête comme
l'histoire, comme tout ce qu'on apprend en
morale, sans l'avoir éprouvé. On ne s'avise
d'appliquer aucune de ces idées générales à sa
situation particulière ; tout ce qui vous arrivera,
tout ce qui vous entoure doit être une exception ; ce qu'on a d'esprit n'a point d'influence
sur la conduite : là où il y a un cœur, il est seul
écouté ; ce qu'on n'a pas senti soi-même est
connu de la pensée, sans jamais diriger les actions. Mais à vingt-cinq ans, à cette époque
précise où la vie cesse de croître, il se fait un
cruel changement dans votre existence : on
commence à juger votre situation ; tout n'est
plus avenir dans votre destinée ; à beaucoup
d'égards votre sort est fixé, et les hommes
réfléchissent alors s'il leur convient d'y lier
le leur ; s'ils y voyent moins d'avantages
qu'ils n'avaient cru, si de quelque manière
leur attente est trompée. Au moment où ils
sont résolus à s'éloigner de vous, ils veulent
se motiver à eux-mêmes leur tort envers
vous ; ils vous cherchent mille défauts pour
s'absoudre du plus grand de tous ; les amis

qui se rendent coupables d'ingratitude, vous
accablent pour se justifier; ils nient le
dévouement; ils supposent l'exigeance; ils
essayent enfin de moyens séparés, de moyens
contradictoires pour envelopper votre conduite et la leur d'une sorte d'incertitude que
chacun explique à son gré. Quelle multitude de peines assiège alors le cœur
qui voulait vivre dans les autres, et se
voit trompé dans cette illusion! La perte
des affections les plus chères n'empêche
pas de sentir jusqu'au plus faible tort
de l'ami qu'on aimait le moins. Votre
système de vie est attaqué, chaque coup
ébranle l'ensemble: *celui-là aussi s'éloigne
de moi*, est une pensée douloureuse, qui
donne au dernier lien qui se brise un prix
qu'il n'avait pas auparavant. Le public
aussi, dont on avait éprouvé la faveur, perd
toute son indulgence; il aime les succès
qu'il prévoit; il devient l'adversaire de ceux
qu'il a lui-même causés; ce qu'il a dit,
il l'attaque; ce qu'il encourageait, il veut
le détruire: cette injustice de l'opinion fait
souffrir aussi de mille manières en un jour.
Tel individu qui vous déchire, n'est pas
digne que vous regrettiez son suffrage; mais
vous souffrez de tous les détails d'une

grande peine, dont l'histoire se déroule à
vos yeux : et déjà certain de ne point éviter
son pénible terme, vous éprouvez cependant
la douleur de chaque pas. Enfin, le cœur se
flétrit, la vie se décolore : on a des torts
à son tour qui dégoûtent de soi comme des
autres, qui découragent du système de
perfection dont on s'était d'abord enorgueilli ;
on ne sait plus à quelle idée se reprendre,
quelle route suivre désormais ; à force de
s'être confié sans réserve, on serait prêt à
soupçonner injustement, est-ce la sensibilité,
est-ce la vertu qui n'est qu'un fantôme ?
Et cette plainte sublime échappée à Brutus,
dans les champs de Philippes, doit-elle
égarer la vie, ou commander de se donner la
mort ? C'est à cette époque funeste où
la terre semble manquer sous nos pas ; où,
plus incertains sur l'avenir que dans les
limbes de l'enfance, nous doutons de tout ce
que nous croyons savoir, et recommençons
l'existence avec l'espoir de moins. C'est
à cette époque où le cercle des jouissances
est parcouru, et le tiers de la vie à peine
atteint, que ce livre peut être utile. Il
ne faut pas le lire avant ; car je ne l'ai moi-
même ni commencé, ni conçu qu'à cet âge.
On m'objectera peut-être aussi qu'en voulant

dompter les passions, je cherche à étouffer
le principe des plus belles actions des
hommes, des découvertes sublimes, des
sentimens généreux ; quoique je ne sois pas
entièrement de cet avis, je conviens qu'il
y a quelque chose de grand dans la passion ;
qu'elle ajoute, pendant qu'elle dure, à
l'ascendant de l'homme ; qu'il accomplit
alors presque tout ce qu'il projette, tant la
volonté ferme et suivie est une force active
dans l'ordre moral. L'homme alors emporté
par quelque chose de plus puissant que lui,
use sa vie, mais s'en sert avec plus d'énergie. Si l'ame doit être considéré seulement
comme une impulsion, cette impulsion,
est plus vive quand la passion l'excite ; s'il faut aux hommes sans passions,
l'intérêt d'un grand spectacle, s'ils veulent
que les gladiateurs s'entredétruisent à leurs
yeux, tandis qu'ils ne seront que les témoins
de ces affreux combats, sans doute il faut
enflammer de toutes les manières ces êtres
infortunés, dont les sentimens impétueux
animent où renversent le théâtre du monde.
Mais quel bien en résultera-t-il pour eux ?
Quel bonheur général peut-on obtenir par
ces encouragemens donnés aux passions de
l'ame ? Tout ce qu'il faut de mouvement à

la vie sociale, tout l'élan nécessaire à la vertu existerait sans ce mobile destructeur : mais, dira-t-on, c'est à diriger les passions, et non à les vaincre, qu'il faut consacrer ses efforts. Je n'entends pas comment on dirige ce qui n'existe qu'en dominant : il n'y a que deux états pour l'homme, ou il est certain d'être le maître au-dedans de lui, et alors il n'a point de passions ; ou il sent qu'il règne en lui-même une puissance plus forte que lui, et alors il dépend entièrement d'elle. Tous ces traités avec la passion sont purement imaginaires ; elle est, comme les vrais tyrans, sur le trône ou dans les fers. Je n'ai point imaginé cependant de consacrer cet ouvrage à la destruction de toutes les passions ; les hommes naissent avec elles : mais j'ai tâché sur-tout d'offrir un système de vie qui ne fût pas sans quelques douceurs à l'époque où s'évanouissent les espérances de bonheur positif dans cette vie : ce système ne convient qu'aux caractères naturellement passionnés, et qui ont combattu pour reprendre l'empire ; plusieurs de ses jouissances n'appartiennent qu'aux amis jadis ardentes, et la nécessité de ses sacrifices ne peut être sentie que par ceux qui ont été malheureux. En effet,

si l'on n'était pas né passionné, qu'aurait-on
à craindre ? De quel effort aurait-on besoin ?
Que se passerait-il en soi qui pût occuper le
moraliste, et l'inquiéter sur la destinée de
l'homme ? Pourrait-on aussi me reprocher
de n'avoir pas traité séparément les jouissances attachées à l'accomplissement de ses
devoirs, et les peines que font éprouver le
remord qui suit le tort, ou le crime de
les avoir bravé ? Ces deux idées premières,
dans l'existence, s'appliquent également à
toutes les situations, à tous les caractères;
et ce que j'ai voulu montrer seulement, c'est
le rapport des passions de l'homme avec
les impressions agréables ou douloureuses
qu'il ressent au fond de son cœur. En
suivant ce plan, je crois de même avoir
prouvé qu'il n'est point de bonheur sans
la vertu ; revenir à ce résultat par toutes les
routes, est une nouvelle preuve de sa vérité.
Dans l'analyse des diverses affections morales
de l'homme, il se rencontrera quelquefois des
allusions à la révolution de France; nos
souvenirs sont tous empreints de ce terrible
événement: d'ailleurs j'ai voulu que cette
première partie fût utile à la seconde; que
l'examen des hommes un à un pût préparer
au calcul des effets de leur réunion en masse;

j'ai espéré, je le répète, qu'en travaillant à l'indépendance morale de l'homme, on rendrait sa liberté politique plus facile, puisque chaque restriction qu'il faut imposer à cette liberté, est toujours commandée par l'effervescence de telle ou telle passion.

Enfin, de quelque manière que l'on juge mon plan, ce qui est certain, c'est que mon unique but a été de combattre le malheur sous toutes ses formes ; d'étudier les pensées, les sentimens, les institutions qui causent de la douleur aux hommes, pour chercher quelle est la réflexion, le mouvement, la combinaison, qui pourrait diminuer quelque chose de l'intensité des peines de l'ame ; l'image de l'infortune, sous quelqu'aspect qu'elle se présente, et me poursuit, et m'accable. Hélas ! j'ai tant éprouvé ce que c'était que souffrir, qu'un attendrissement inexprimable, une inquiétude douloureuse s'emparent de moi, à la pensée des malheurs de tous et de chacun ; des chagrins inévitables et des tourmens de l'imagination, des revers de l'homme juste, et même aussi des remords du coupable, des blessures du cœur les plus touchantes de toutes, et des regrets dont on rougit sans les éprouver moins ; enfin, de tout ce qui fait verser des larmes,

ces larmes que les anciens recueillaient dans
une urne consacrée, tant la douleur de
l'homme était auguste à leurs yeux. Ah !
ce n'est pas assez d'avoir juré que, dans les
limites de son existence, de quelqu'injustice,
de quelque tort qu'on fût l'objet, on ne
causerait jamais volontairement une peine,
on ne renoncerait jamais volontairement à la
possibilité d'en soulager une ; il faut essayer
encore si quelqu'ombre de talent, si quelque
faculté de méditation ne pourrait pas faire
trouver la langue, dont la mélancolie ébranle
doucement le cœur, ne pourrait pas aider à
découvrir à quelle hauteur philosophique
les armes qui blessent n'atteindraient pas.
Enfin, si le tems et l'étude apprenaient comment on peut donner aux principes politiques
assez d'évidence pour qu'ils ne fussent plus
l'objet de deux religions, et par conséquent
des plus sanglantes fureurs, il semble que
l'on aurait du moins offert un examen complet de tout ce qui livre la destinée de
l'homme à la puissance du malheur.

SECTION PREMIERE.

DES PASSIONS.

———

CHAPITRE I.

De l'amour de la gloire.

DE toutes les passions dont le cœur humain
est susceptible, il n'en est point qui ait un
caractère aussi imposant que l'amour de la
gloire : on peut trouver la trace de ses mouvemens dans la nature primitive de l'homme ;
mais ce n'est qu'au milieu de la société que
ce sentiment acquiert sa véritable force.
Pour mériter le nom de passion, il faut qu'il
absorbe toutes les autres affections de l'ame,
et ses plaisirs comme ses peines n'appartiennent qu'au développement entier de sa
puissance.

Après cette sublimité de vertu, qui fait
trouver dans sa propre conscience le motif et
le but de sa conduite, le plus beau des

principes qui puisse mouvoir notre ame est
l'amour de la gloire. Je laisse au sens de
ce mot sa propre grandeur en ne le séparant
pas de la valeur réelle des actions qu'il doit
désigner. En effet, une gloire véritable ne
peut être acquise par une célébrité relative ;
on en appelle toujours à l'univers et à la
postérité pour confirmer le don d'une si
auguste couronne : elle ne doit donc rester
qu'au génie ou à la vertu. C'est en méditant
sur l'ambition que je parlerai de tous les
succès éphémères qui peuvent imiter ou
rappeler la gloire ; mais c'est d'elle-même,
c'est-à-dire, de ce qui est vraiment grand
et juste, que je veux d'abord m'occuper ;
et pour juger son influence sur le bonheur,
je ne craindrai point de la faire paraître dans
toute la séduction de son éclat.

Le digne et sincère amant de la gloire
propose un beau traité au genre humain ;
il lui dit : " Je consacrerai mes talens à vous
" servir ; ma passion dominante m'excitera
" sans cesse à faire jouir un plus grand
" nombre d'hommes des résultats heureux
" de mes efforts ; le pays, le peuple qui
" m'est inconnu aura des droits aux fruits de
" mes veilles ; tout ce qui pense est en
" relation avec moi ; et dégagé de la puis-

" sance environnante des sentimens indivi-
" duels, c'est à l'étendue seule de mes
" bienfaits que je mesurerai mon bonheur :
" pour prix de ce dévouement, je ne vous
" demande que de le célébrer ; chargez la
" renommée d'acquitter votre reconnaissance.
" La vertu, j'en conviens, sait jouir d'elle-
" même ; moi, j'ai besoin de vous pour
" obtenir le prix qui m'est nécessaire, pour
" que la gloire de mon nom soit unie au
" mérite de mes actions." Quelle franchise,
quelle simplicité dans ce contrat ! Comment se peut-il que les nations n'y soient
jamais restés fidèles, et que le génie seul
en ait accompli les conditions ?

C'est sans doute une jouissance enivrante
que de remplir l'univers de son nom, d'exister
tellement au-delà de soi, qu'il soit possible
de se faire illusion, et sur l'espace et sur
la durée de la vie, et de se croire quelques-
uns des attributs métaphysiques de l'infini ;
l'ame se remplit d'un orgueilleux plaisir par
le sentiment habituel, que toutes les pensées
d'un grand nombre d'hommes sont dirigées
sur vous ; que vous existez en présence
de leur espoir ; que chaque méditation de
votre esprit peut influer sur beaucoup de
destinées ; que de grands événemens se déve-

loppent au-dedans de soi, et commandent, au nom du peuple qui compte sur vos lumières, la plus vive attention à vos propres pensées; les acclamations de la foule remuent l'ame, et par les réflexions qu'elles font naître, et par les commotions qu'elles excitent; toutes ces formes animés, enfin, sous lesquelles la gloire se présente, doivent transporter la jeunesse d'espérance et l'enflammer d'émulation. Les routes qui conduisent à un si grand but, sont remplies de charmes; les occupations que commande l'ardeur d'y parvenir, sont elles-mêmes une jouissance; et dans la carrière des succès, ce qu'il y a souvent de plus heureux, c'est la suite d'intérêts qui les précèdent, et s'emparent activement de la vie. La gloire des écrits ou celle des actions est soumise à des combinaisons différentes; la première, empruntant quelque chose des plaisirs solitaires, peut participer à leurs bienfaits. Mais ce n'est pas elle qui rend sensibles tous les signes de cette grande passion; ce n'est pas ce génie dominateur qui, dans un instant, sème, recueille et se couronne, dont l'éloquence entraînante, ou le courage vainqueur, décident instantanément du sort des siècles et des empires; ce n'est pas cette

émotion toute puissante dans ses effets, qui
commande en inspirant une volonté pareille,
et saisit dans le présent toutes les jouissances
de l'avenir. Le génie des actions est
dispensé d'attendre la tardive justice que le
tems traîne à sa suite ; il fait marcher sa
gloire en avant, comme la colonne enflammée,
qui jadis éclairait la marche des Israélites.
La célébrité qu'on peut acquérir par les
écrits est rarement contemporaine ; mais alors
même qu'on obtient cet heureux avantage
comme il n'y a rien d'instantané dans ses
effets, d'ardent dans son éclat, une telle carrière ne peut, comme la glorie active, donner
le sentiment complet de sa force physique et
morale, assurer l'exercice de toutes ses facultés, enivrer enfin par la certitude de la
puissance de son être. C'est donc au plus
haut point de bonheur que l'amour de la
gloire puisse donner, qu'il faut s'attacher
pour en mieux juger les obstacles et les malheurs.

La première des difficultés dans tous les
gouvernemens où les distinctions héréditaires
sont établies, c'est la réunion des circonstances qui donnent de l'éclat à la vie. Les
efforts que l'on fait pour sortir d'une
situation obscure, pour jouer un rôle sans y

être appelé, déplaisent à la plupart des
hommes. Ceux que leur destinée approchent des premières places, croyent voir une
preuve de mépris pour eux, dans l'espérance
qu'on conçoit de franchir l'espace qui en
sépare, et de se mettre, par ses talens, au
niveau de leur destinée. Les individus de la
même classe que soi, qui se sont résignés
à n'en pas sortir, attribuant bien plutôt cette
résolution à leur sagesse qu'à leur médiocrité,
appellent folie une conduite différente, et,
sans juger la diversité des talens, se croyent
faits pour les mêmes circonstances. Dans
les monarchies aristocratiquement consti-
tuées, la multitude se plait quelquefois, par
un esprit dominateur, à relever celui que le
hasard a délaissé ; mais ce même esprit ne lui
permet pas d'abandonner ses droits sur son
existence ; le peuple le regarde comme
l'œuvre de ses mains ; et si le sort, la
superstition, la magie, une puissance enfin
indépendante des hommes, n'entre pas dans
la destinée de celui qui, dans un état
monarchique, doit son élévation à l'opinion
du peuple, il ne conservera pas long-tems une
gloire que les suffrages seuls récompensent
et créent, qui puise à la même source son
existence et son éclat ; le peuple ne sou-

tiendra pas son ouvrage, et ne se prosternera
pas devant une force dont il se sent le
principal appui. Ceux qui, sous un tel
ordre de choses, sont nés dans la classe privi-
légiée, ont à quelques égards beaucoup
d'avantages ; mais d'abord la chance des
talens se resserre, et à proportion du nombre,
et plus encore par l'espèce de négligence
qu'inspirent de certains avantages ; mais
quand le génie élève celui que les rangs de la
monarchie avaient déjà séparé du reste de ses
concitoyens, indépendamment des obstacles
communs à tous, il en est qui sont personnels
à cette situation ; des rivaux en plus petit
nombre, des rivaux qui se croyent vos égaux
à plusieurs égards, se pressent davantage
autour de vous ; et lorsqu'on veut les écarter,
rien n'est plus difficile que de savoir jusqu'à
quel point il faut se livrer à la popularité, en
jouissant de distinctions impopulaires. Il
est presqu'impossible de connaître toujours
avec certitude le degré d'empressement qu'il
faut montrer à l'opinion générale : certaine
de sa toute puissance, elle en a la pudeur, et
veut du respect sans flatterie ; la reconnaissance lui plaît ; mais elle se dégoûte de la
servitude, et, rassasiée de souveraineté, elle
aime le caractère indépendant et fier qui la

E

fait douter un moment de son autorité pour
lui en renouveler la jouissance : ces difficultés
générales redoublent pour le noble qui, dans
une monarchie, veut obtenir une gloire véritable ; s'il dédaigne la popularité, il est haï :
un plébéïen, dans un Etat démocratique,
peut obtenir l'admiration en bravant la popularité ; mais si un noble adopte une telle
conduite dans un Etat monarchique, au lieu
de se donner l'éclat du courage, il ne ferait
croire qu'à son orgueil ; et si cependant, pour
éviter ce blâme, il recherche la popularité, il
est sans cesse près du soupçon ou du ridicule. Les hommes ne veulent pas qu'on
renonce totalement à ses intérêts personnels ;
et ce qui est, à un certain point, contre leur
nature, est déjoué par eux. De tous ses
avantages, il n'y a que la vie qu'on puisse
sacrifier avec éclat ; l'abandon des autres,
quoique bien plus rare et plus estimable, est
représenté comme une sorte de duperie ; et
quoique ce soit le plus haut degré du dévouement, dès qu'il est nommé *duperie*, il
n'excite plus l'enthousiasme de ceux mêmes
qui sont l'objet du sacrifice. Les nobles
donc, placés entre la nation et le monarque,
entre leur existence politique et l'intérêt
général, obtiennent difficilement de la gloire

ailleurs que dans les armées. La plupart de
ces considérations ne peuvent s'appliquer
aux succès militaires ; la guerre ne laisse à
l'homme, de sa nature, que ses facultés physiques ; pendant que cet état dure, il se soumet à la valeur, à l'audace, au talent qui fait
vaincre comme les corps les plus faibles
suivent l'impulsion des plus forts. L'être
moral n'est de rien dans la bataille, et voilà
pourquoi les soldats ont plus de constance
dans leur attachement pour leurs généraux,
que les citoyens dans leur reconnaissance
pour leurs administrateurs.

Dans les républiques, si elles sont consti-
tuées sur la seule base de l'aristocratie, tous
les membres d'une même classe sont un
obstacle à la gloire de chacun d'eux. Cet
esprit de modération qu'avec tant de raison
Montesquieu a désigné comme le principe
des républiques aristocratiques ; cet esprit de
modération ne s'accorde pas avec les élans
du génie : un grand homme, s'il voulait se
montrer tel, précipiterait la marche égale et
soutenue de ces gouvernemens ; et comme
l'utilité est le principe de l'admiration dans un
état où les grands talens ne peuvent s'exercer
d'une manière avantageuse à tous, ils ne se
développent pas, ou sont étouffés, ou sont

contenus dans une certaine limite qui ne
leur permet pas d'atteindre à la célébrité.
On ne sait pas au-dehors un nom propre du
gouvernement de Venise, du gouvernement
sage et paternel de la république de Berne ;
un même esprit dirige, depuis plusieurs
siècles, des individus différens ; et si un
-homme lui donnait son impulsion particulière,
il naîtrait des chocs dans une organisation dont
l'unité fait tout-à-la-fois le repos et la force.

Pour les républiques populaires, il faut
distinguer deux époques tout-à-fait différentes ; celle qui a précédé l'imprimerie, et
celle qui est contemporaine du plus grand
développement possible de la liberté de la
presse.   Celle qui a précédé l'imprimerie
devait être favorable à l'ascendant d'un
homme sur les autres hommes, les lumières
n'étant point disséminées ; celui qui avait
reçu des talens supérieurs, une raison forte,
avait de grands moyens d'agir sur la multitude ; le secret des causes n'était pas connu,
l'analyse n'avait pas changé en science
positive la magie de tous les effets.   Enfin,
l'on pouvait être étonné, par conséquent
entraîné ; et des hommes croyaient qu'un
d'entr'eux était nécessaire à tous ; de-là les
grands dangers que courait la liberté, de-là

les factions toujours renaissantes ; car les
guerres d'opinions finissent avec les événemens qui les décide, avec les discussions qui
les éclairent; mais la puissance des hommes
supérieurs se renouvelle avec chaque génération, et déchire ou asservit la nation
qui se livre sans mesure à cet enthousiasme:
mais lorsque la liberté de la presse, et ce qui
et plus encore, la multiplicité des journaux
rend publiques chaque jour les pensées de la
veille, il est presque impossible qu'il existe
dans un tel pays ce qu'on appelle de la gloire ;
il y a de l'estime, parce que l'estime ne
détruit pas l'égalité, et que celui qui l'accorde
juge au lieu de s'abandonner; mais l'enthousiasme pour les hommes en est banni. Il y a
dans tous les caractères des défauts qui jadis
étaient découverts, ou par le flambeau de
l'histoire, ou par un très petit nombre de
philosophes contemporains que le mouvement
général n'avait point enivrés. Aujourd'hui
celui qui veut se distinguer est en guerre
avec l'amour-propre de tous ; on le menace
du niveau à chaque pas qui l'élève, et la
masse des hommes éclairés prend une sorte
d'orgueil actif, destructeur des succès indivi
duels. Si l'on veut examiner la cause du
grand ascendant que dans Athènes, qu'à

Rome, des génies supérieurs ont obtenu de l'empire presque aveugle, que dans les tems anciens ils ont exercé sur la multitude, on verra que l'opinion n'a jamais été fixée par l'opinion même; que c'est à quelques pouvoirs différens d'elle, à l'appui de quelque superstition que sa constance a été due : tantôt ce sont des rois qui, jusqu'à la fin de leur vie, ont conservé la gloire qu'ils avaient obtenue : mais les peuples croyaient alors que la royauté avait une origine céleste : tantôt on voit Numa inventer une fable pour faire accepter des loix que la sagesse lui dictait, se fiant plus à la crédulité qu'à l'évidence. Les meilleurs généraux Romains, quand ils voulaient donner une bataille, déclaraient que l'examen du vol des oiseaux les forçait à la livrer. C'est ainsi que les hommes habiles de l'antiquité ont caché le conseil de leur génie sous l'apparence d'une superstition, évitant ce qui peut avoir des juges, quoique certains d'avoir raison. Enfin, chaque découverte des sciences, en enrichissant la masse, diminue l'empire individuel de l'homme. Le genre humain hérite du génie, et les véritables grands hommes sont ceux qui ont rendu leurs pareils moins nécessaires aux générations suivantes. Plus on laisse aller

sa pensée dans la carrière future de la perfectibilité possible, plus on y voit les avantages de l'esprit dépassés par les connaissances
positives, et le mobile de la vertu plus
efficace que la passion de la gloire. On ne
trouvera peut-être pas que ce siècle donne
encore l'idée d'aucun progrès en ce genre;
mais il faut, dans l'effet actuel, voir la cause
future, pour juger un événement tout entier.
Celui qui n'apperçoit, dans les mines où les
métaux se préparent, que le feu dévorant qui
semble tout consumer, ne connaît point la
marche de la nature, et ne sait se peindre
l'avenir qu'en multipliant le présent. Mais,
de quelque manière qu'on considère ces réflexions, je reviens aux considérations générales qui s'appliquent à tous les pays et à
tous les tems sur les obstacles et les malheurs
attachés à la passion de la gloire.

Quand les difficultés des premiers pas sont
vaincues, il se forme à l'instant deux partis
sur une même réputation; non parce qu'il y
a deux manières de la juger, mais parce que
l'ambition parie pour ou contre. Celui qui
veut être l'adversaire des grandes succès
reste passif tant que dure leur éclat; et c'est
pendant ce tems, au contraire, que les amis
ne cessent d'agir en votre faveur. Ils arri-

vent déjà fatigués à l'époque du malheur,
lorsqu'il suffit au public du mobile seul de
la curiosité, pour se lasser des mêmes éloges;
les ennemis paraissent avec des armes toutes
nouvelles, tandis que les amis ont émoussé
les leurs, en les faisant inutilement briller
autour du char de triomphe. On demande
pourquoi l'amitié a moins de persistance que
la haine; c'est qu'il y a plusieurs manières
de renoncer à l'une, et que pour l'autre le
danger et la honte sont par-tout ailleurs que
dans le succès. Les amis peuvent si aisément
attribuer à la bonté de leur ame l'exagération de leur enthousiasme, à l'oubli qu'on a
fait de leurs conseils, les derniers revers qu'on
a éprouvés; il y a tant de manières de se
louer en abandonnant son ami, que les plus
légères difficultés décident à prendre ce parti :
mais la haine, dès ses premiers pas, engagée
sans retour, se livre à toutes les ressources
des situations désespérées; de ses situations
dont les nations, comme les individus, échappent presque toujours, parce que l'homme
faible même ne voit alors de secours possible
que dans l'exercice du courage.

En étudiant le petit nombre d'exceptions à
l'inconstance de la faveur publique, on est
étonné de voir que c'est à des circonstances,

et jamais au talent seul, qu'on doit les rapporter. Un danger présent a pu contraindre
le peuple à retarder son injustice ; une mort
prématurée en a quelquefois précédé le
moment ; mais la réunion des observations,
qui font le code de l'expérience, prouve que
la vie si courte des hommes est encore d'une
plus longue durée que les jugemens et les
affections de leurs contemporains. Le grand
homme, qui arrive à la vieillesse, doit parcourir plusieurs époques d'opinions diverses
ou contraires. Ces oscillations cessent avec
les passions qui les produisent ; mais on vit
au milieu d'elles, et leur choc, qui ne peut
rien sur le jugement de la postérité, détruit
le bonheur présent qui est exposé de tous
les coups. Les événemens du hasard, ceux
qu'aucune des puissances de la pensée ne
peuvent soumettre, sont cependant placés,
par la voix publique, sur la responsabilité du
génie. L'admiration est une sorte de fanatisme qui veut des miracles ; elle ne consent
à accorder à un homme une place au-dessus
de tous les autres, à renoncer à l'usage de ses
propres lumières pour le croire et lui obéir,
qu'en lui supposant quelque chose de surnaturel qui ne peut se comparer aux facultés
humaines : il faudrait, pour se défendre d'une

telle erreur, être modeste et juste, reconnaître à-la-fois les bornes du génie et sa
supériorité sur nous ; mais dès qu'il devient
nécessaire de raisonner sur les défaites, de les
expliquer par des obstacles, de les excuser par
des malheurs, c'en est fait de l'enthousiasme ;
il a, comme l'imagination, besoin d'être
frappé par les objets extérieurs ; et la pompe
du génie, c'est le succès. Le public se plaît
à donner à celui qui possède ; et, comme ce
sultan des Arabes qui s'éloignait d'un ami
poursuivi par l'infortune, parce qu'il craignait
la contagion de la fatalité, les revers éloignent
les ambitieux, les faibles, les indifférens,
tous ceux enfin, qui trouvent, avec quelque
raison, que l'éclat de la gloire doit frapper
involontairement ; que c'est à elle à commander le tribut qu'elle demande ; que la
gloire se compose des dons de la nature et du
hasard, et que personne n'ayant le besoin
d'admirer, celui qui veut ce sentiment ne
l'obtient point de la volonté, mais de la
surprise, et le doit aux résultats du talent,
bien plus qu'à la propre valeur de ce talent
même.

Si les revers de la fortune désenchantent
l'enthousiasme, que sera-ce, s'il s'y mêle des
torts qui cependant se trouvent souvent

réunis aux qualités les plus éminentes ?
Quel vaste champ pour les découvertes des
esprit médiocres ! Comme ils sont sûrs
d'avoir prévu ce qu'ils comprennent encore à
peine ! Comme le parti qu'ils auraient pris
eût été meilleur ! Que de lumières ils
puisent dans l'événement ! Que de retours
satisfaisans dans la critique d'un autre !
Comme personne ne s'occupe d'eux, personne
ne songe à les attaquer. Eh bien, ils prennent ce silence pour le garant de leur supériorité ; parce qu'il y a une bataille perdue,
ils pensent qu'ils l'ont gagnée, et les revers
d'un grand homme se changent en palmes
pour les sots. Eh quoi ! l'opinion se com-
poserait-elle de leurs suffrages ? . . . Oui, la
gloire contemporaine leur est soumise, car
c'est l'enthousiasme de la multitude qui la
caractérise ; le mérite réel est indépendant de
tout ; mais la réputation acquise, par ce
mérite n'obtient le nom de gloire qu'au bruit
des acclamations de la foule. Si les Romains
sont insensibles à l'éloquence de Ciceron,
son génie nous reste : mais où, pendant sa
vie, trouvera-t-il sa gloire ? Les géomètres,
ne pouvant être jugés que par leurs pairs,
obtiennent, d'un petit nombre de savans, des
titres incontestables à l'admiration de leurs

contemporains; mais la gloire des actions
doit être populaire. Les soldats jugent leur
général, la nation ses administrateurs: quiconque a besoin du suffrage des autres, a mis
tout-à-la-fois sa vie sous la puissance du
calcul et du hasard, de manière que le travail
du calcul ne peut lui répondre des chances
du hasard, et que les chances du hasard, ne
peuvent le dispenser du travail du calcul.
Mais non, pourrait-on dire, le jugement de
la multitude est impartial, puisqu'aucune
passion envieuse et personelle ne l'inspire;
son impulsion, toujours vraie, doit être juste;
mais par cela même que ces mouvemens sont
naturels et spontanés, ils appartiennent à
l'imagination; un ridicule détruit à ses yeux
l'éclat d'une vertu; un soupçon peut la
dominer par la terreur; des promesses
exagérées l'emportent sur des services
prudens, les plaintes d'un seul l'émeuvent
plus fortement que la silencieuse reconnaissance du grand nombre; enfin, mobile, parce
qu'elle est passionnée; passionnée, parce que
les hommes réunis ne se communiquent qu'à
l'aide de cette électricité, et ne mettent en
commun que leurs sentimens; ce ne sont
pas les lumières de chacun, mais l'impulsion
générale qui produit un résultat; et cette

impulsion, c'est l'individu le plus exalté qui
la donne. Une idée peut se composer des
réflexions de plusieurs ; un sentiment sort
tout entier de l'ame qui l'éprouve ; la multitude qui, l'adopte a pour opinion l'injustice
d'un homme, exercée par l'audace de tous,
par cette audace qui se fonde et sur la force,
et plus encore sur l'impossibilité d'être atteint
par aucun genre de responsabilité individuelle.
Le spectacle de la France a rendu ces
observations plus sensibles ; mais, dans tous
les tems, l'amant de la gloire a été soumis au
joug démocratique ; c'est de la nation seule
qu'il recevait ses pouvoirs ; c'est par son
élection qu'il obtenait sa couronne ; et quels
que fussent ses droits à la porter, quand le
peuple retirait ses suffrages au génie, il
pouvait protester, mais il ne régnait plus.
N'importe, s'écrieront quelques ames ardentes, n'exista-t-il qu'une chance de succès
contre mille probabilités de revers, il faudrait
tenter une carrière dont le but se perd dans
les cieux, et donne à l'homme après lui, ce
que la mémoire des hommes peut conquérir
sur le passé : un jour de gloire est si multiplié
par notre propre pensée, qu'il peut suffire à
toute la vie. Les plus nobles devoirs s'ac-
complissent en parcourant la route qui con-

duit à la gloire ; et le genre humain serait resté sans bienfaiteurs, si cette émulation sublime n'eût pas encouragé leurs efforts.

D'abord, je crois que l'amour de l'éclat a rendu moins de service aux hommes que la simple impulsion des vertus obscures ou des recherches persévérantes. Les plus grandes découvertes ont été faites dans la retraite de l'homme savant, et les plus belles actions, inspirées par les mouvemens spontanés de l'ame, se rencontrent souvent dans l'histoire d'une vie inconnue ; c'est donc seulement dans son rapport avec celui qui l'éprouve, qu'il faut considérer la passion de la gloire. Par une sorte d'abstraction métaphysique, on dit souvent que la gloire vaut mieux que le bonheur ; mais cette assertion ne peut s'entendre que par les idées accesoires qu'on y attache : on met alors en opposition les jouissances de la vie privée avec l'éclat d'une grande existence ; mais donner à quelque chose la préférence sur le bonheur, serait un contre-sens moral absolu. L'homme vertueux ne fait de grands sacrifices que pour fuir la peine du remord, et s'assurer des récompenses au-dedans de lui : enfin, la félicité de l'homme lui est plus nécessaire que sa vie, puisqu'il se tue pour échapper à la douleur. S'il est

donc vrai que choisir le malheur est un mot
qui implique contradiction en lui-même, la
passion de la gloire, comme tous les sentimens,
doit être jugée par son influence sur le
bonheur.

Les amans, les ambitieux mêmes peuvent
se croire, dans quelques momens, au comble
de la félicité ; comme le terme de leurs
espérances leur est connu, ils doivent être
heureux du moins à l'instant où ils
l'atteignent : mais cette rapide jouissance
même ne peut jamais appartenir à l'homme
qui prétend à la gloire ; ses limites ne sont
fixées par aucun sentiment, ni par aucune
circonstance. Alexandre, après la conquête
du monde, s'affligeait de ne pouvoir faire
parvenir jusqu'aux étoiles l'éclat de son nom.
Cette passion ne connaît que l'avenir, ne
possède que l'espérance ; et si on l'a souvent
présentée comme l'une des plus fortes preuves
de l'immortalité de l'ame, c'est parce qu'elle
semble vouloir régner sur l'infini de l'espace
et l'éternité des tems. Si la gloire est un
moment stationnaire, elle recule dans l'esprit
des hommes, et aux yeux mêmes de celui
qui s'en voyait l'objet : sa possession émeut
l'ame si fortement, exalte à un tel degré
toutes les facultés, qu'un moment de calme,

dans les objets extérieurs, ne sert qu'à diriger
sur soi toute l'agitation de sa pensée : le
repos est si loin, le vuide est si près, que la
cessation de l'action est toujours le plus grand
malheur à craindre.   Comme il n'y a jamais
rien de suffisant dans les plaisirs de la gloire,
l'ame ne peut être remplie que par leur
attente ; ceux qu'elle obtient ne servent qu'à
la rapprocher de ceux qu'elle désire ; et si
l'on était parvenu au faîte de la grandeur,
une circonstance inapperçue, un obscur hom-
mage refusé, deviendraient l'objet de la
douleur et de l'envie.   Aman, vainqueur des
Juifs, était malheureux de n'avoir pu courber
l'orgueil de Mardoché.   Cette passion con-
quérante n'estime que ce qui lui résiste ; elle
a besoin de l'admiration qu'on lui refuse,
comme de la seule qui soit au-dessus de celle
qu'on lui accorde ; toute la puissance de
l'imagination se développe en elle, parce
qu'aucun sentiment du cœur ne la ramène
par intervalle à la vérité ; quand elle a atteint
un but, ses tourmens s'accroissent ; son plus
grand charme étant l'activité qu'elle assure à
chaque moment du jour, l'un de ses prestiges
est détruit quand cette activité n'a plus
d'aliment.   Toutes les passions, sans doute,
ont des caractères communs ; mais aucune ne

laisse après elle autant de douleurs que les
revers de la gloire ; il n'y a rien d'absolu pour
l'homme dans la nature ; il ne juge que parce
qu'il compare ; la douleur physique même
est soumise à cette loi : ce qu'il y a de plus
violent dans le plaisir ou dans la douleur est
donc causé par le contraste : et quelle opposition plus terrible que la possession ou la
perte de la gloire ! Celui dont la renommée
parcourait le monde entier, ne voit autour de
lui qu'un vaste oubli ; un amant n'a de
larmes à verser que sur les traces de ce qu'il
aime ; tous les pas d'hommes retracent, à
celui qui jadis occupait l'univers, l'ingratitude
et l'abandon.

La passion de la gloire excite le sentiment
et la pensée au-delà de leurs propres forces ;
mais loin que le retour à l'état naturel soit
une jouissance, c'est une sensation d'abatte-
ment et de mort : les plaisirs de la vie commune ont été usé sans avoir été sentis ; on
ne peut même les retrouver dans ses souvenirs ; ce n'est point par la raison ou la
mélancolie qu'on est ramené vers eux, mais
par la nécessité, funeste puissance qui brise
tout ce qu'elle courbe. L'un des caractères
de ce long malheur est de finir par s'accuser
soi-même : tant qu'on est encore aux re-

proches que méritent les autres, l'ame peut
sortir d'elle-même ; mais le repentir concentre toutes les pensées, et dans ce genre de
douleur, le volcan se referme pour consumer
en-dedans.   Tant d'actions composent la vie
d'un homme célèbre, qu'il est impossible
qu'il ait assez de force dans la philosophie,
ou dans l'orgueil, pour ne reprocher aucune
faute à son esprit ; le passé prenant dans sa
pensée la place qu'occupait l'avenir, son
imagination vient se briser contre ce tems
immuable, et lui fait parcourir en arrière des
abymes aussi vastes que l'étaient en avant les
heureux champs de l'espérance.

L'homme, jadis comblé de gloire, qui veut
abdiquer ses souvenirs, et se vouer aux relations particulières, ne saurait y accoutumer
ni lui, ni les autres ; on ne jouit point par
effort des idées simples ; il faut, pour être
heureux par elles, un concours de circonstances qui éloigne naturellement tout autre
désir.   L'homme accoutumé à compter avec
l'histoire, ne peut plus être intéressé par les
evénemens d'une existence commune ; on
ne retrouve en lui aucun des mouvemens
qui le caractérisaient ; il ne sent plus la vie,
il s'y résigne.   On confie long-tems les
peines du cœur, parce que leur durée même

est honorable, parce qu'elles répondent à
trop de souvenirs dans l'ame des autres,
pour que ce soit parler de soi que d'en entretenir ; mais comme la philosophie et la
fierté doivent vaincre ou cacher les regrets
causés même par la plus noble ambition,
l'homme qui les éprouve ne s'abandonne
point à les avouer entièrement. L'attention
constante sur soi est un détail de jouissances
pendant la prospérité ; c'est une peine habi-
tuelle quand on est retombé dans une situation privée ; enfin, aimer, ce bien dont la
nature céleste est seule en disparate avec
toute la destinée humaine ; aimer, n'est plus
un bonheur accordé à celui que la passion de
la gloire a dominé long-tems ; ce n'est pas
que son ame soit endurcie, mais elle est trop
vaste pour être remplie par un seul objet ;
d'ailleurs, les réflexions que l'on est conduit
à faire sur les hommes en général, lorsqu'on
entretient avec eux des rapports publics,
rendent impossible la sorte d'illusion qu'il
faut pour voir un individu à une distance
infinie de tous les autres : loin aussi que de
grandes pertes attachent au genre de bien
qu'il reste, elles affranchissent de tout à-la-
fois ; on ne se supporte que dans une indépendance absolue, qui n'établit aucun point

de comparaison entre le présent et le passé.
Le génie, qui sut adorer et posséder la gloire,
repousse tout ce qui voudrait occuper la
place de ses regrets mêmes ; il aime mieux
mourir que déroger. Enfin, quoique cette
passion soit pure dans son origine et noble
dans ses efforts, le crime seul dérange plus
qu'elle l'équilibre de l'ame ; elle la fait sortir
violemment de l'ordre naturel, et rien ne
peut jamais l'y ramener.

En m'attachant, avec une sorte d'austérité,
à l'examen de tout ce qui doit détourner de
l'amour de la gloire, j'ai eu besoin d'un
grand effort de réflexion ; l'enthousiasme me
distraisait, tant de noms célèbres s'offraient
à ma pensée ; tant d'ombres glorieuses qui
semblaient s'offenser de voir braver leur éclat,
pour pénétrer jusqu'à la source de leur bonheur. C'est de mon père enfin, c'est de
l'homme de ce tems qui a recueilli le plus de
gloire, et qui en retrouvera le plus dans la
justice impartiale des siècles, que je crai-
gnais sur-tout d'approcher, en décrivant
toutes les périodes du cours éclatant de la
gloire ; mais ce n'est pas à l'homme qui a
montré, pour le premier objet de ses affections, une sensibilité aussi rare que son
génie ; ce n'est pas à lui que peut convenir

aucun des traits dont j'ai composé ce
tableau ; et si je m'aidais des souvenirs que
je lui dois, ce serait pour montrer combien
l'amour de la vertu peut apporter de changement dans la nature, et les malheurs de la
passion de la gloire.

Mais, poursuivant le projet que j'ai
embrassé, je ne cherche point à détourner
l'homme de génie de répandre ses bienfaits
sur le genre humain ; mais je voudrais
retrancher des motifsqui l'animent, le besoin
des récompenses de l'opinion : je voudrais
retrancher ce qui est l'essence des passions,
l'asservissement à la puissance des autres.

CHAPITRE II.

De l'Ambition.

En parlant de l'amour de la gloire, je ne l'ai considéré que dans sa plus parfaite sublimité ; alors qu'il nait du véritable talent, et n'aspire qu'à l'éclat de la renommée. Par l'ambition, je désigne la passion qui n'a pour objet que la puissance, c'est-à-dire, la possession des places, des richesses ou des honneurs qui la donnent ; passion que la médiocrité doit aussi concevoir, parce qu'elle peut en obtenir les succès.

Les peines attachées à cette passion sont d'une autre nature que celles de l'amour de la gloire ; son horizon étant plus resserré, et son but positif, toutes les douleurs qui naissent de cet aggrandissement de l'âme, en disproportion avec le sort de l'humanité, ne sont pas éprouvées par les ambitieux. L'intime pensée des hommes n'est point l'objet de leur inquiétude ; le suffrage des étrangers n'enflamme point leurs désirs ; le pouvoir, c'est-à-dire, le droit d'influer sur les pensées

extérieures et d'être loué par-tout où l'on
commande, voilà ce qu'obtient l'ambition.
Elle est, sous beaucoup de rapports, en contraste avec l'amour de la gloire. En les
comparant donc, je donnerai naturellement
un nouveau développement au chapitre que
je viens de finir.

' Tout est fixé d'avance dans l'ambition ;
ses chagrins et ses plaisirs sont soumis à des
événemens déterminés ; l'imagination a peu
d'empire sur la pensée des ambitieux ; car
rien n'est plus réel que les avantages du
pouvoir. Les peines donc qui naissent de
l'exaltation de l'ame, ne sont point connues
par les ambitieux ; mais si le vague de l'imagination offre un vaste champ à la douleur,
elle présente aussi beaucoup d'espace pour
s'élever au-dessus de tout ce qui nous
entoure, éviter la vie, et se perdre dans
l'avenir. Dans l'ambition, au contraire,
tout est présent, tout est positif ; rien
n'apparaît au-delà du terme, rien ne reste
après le malheur ; et c'est par l'inflexibilité
du calcul et le néant du passé, qu'on doit
estimer ses avantages et ses pertes.

Obtenir et conserver le pouvoir, voilà tout
le plan d'un ambitieux. Il ne peut jamais
s'abandonner à aucun de ses mouvemens ;

car il est rare que la nature soit un bon guide
dans la route de la politique ; et par un contraste cruel, cette passion, assez violente
pour vaincre tous les obstacles, condamne à
la réserve continuelle qu'exige la contrainte
de soi-même ; il faut qu'elle agisse avec
une égale force pour exciter et pour retenir.
L'amour de la gloire peut s'abandonner ; la
colère, l'enthousiasme d'un héros ont quelquefois aidé son génie ; et quand ses sentimens étaient honorables, ils le servaient
assez ; mais l'ambition n'a qu'un seul but.
Celui qui prise ainsi le pouvoir est insensible à tout autre genre d'éclat ; cette disposition suppose une sorte de mépris pour le
genre humain, une personnalité concentrée
qui ferme l'ame aux autres jouissances. Le
feu de cette passion dessèche ; il est âpre et
sombre, comme tous les sentimens qui,
voués au secret par notre propre jugement
sur leur nature, sont d'autant plus éprouvés
que jamais on ne les exprime. L'homme
ambitieux sans doute, alors qu'il a atteint
ce qu'il recherche, ne ressent point ce désir
inquiet qui reste après les triomphes de la
gloire ; son objet est en proportion avec
lui ; et comme, en le perdant, il ne lui
restera point de ressources personnelles, en le

possédant il ne sent point de vuide en lui.
Le but de l'ambition est certainement
aussi plus facile à obtenir que celui de la
gloire : et comme le sort de l'ambitieux
dépend d'un moins grand nombre d'individus que celui de l'homme célèbre, sous
ce rapport il est moins malheureux ; il
importe cependant bien plus de détourner
de l'ambition que de l'amour de la gloire.
Ce sentiment est presqu'aussi rare que le
génie, et presque jamais il n'est séparé des
grands talens qui font son excuse ; comme
si la Providence, dans sa bonté, n'avait pas
voulu qu'une telle passion pût être unie à
l'impossibilité de la satisfaire, de peur que
l'ame n'en fût dévorée : mais l'ambition, au
contraire, est à la portée de la majorité des
esprits, et ce serait plutôt la supériorité que
la médiocrité qui en éloignerait ; il y a d'ailleurs une sorte de réflexion philosophique qui
pourrait faire illusion aux penseurs mêmes
sur les avantages de l'ambition ; c'est que le
pouvoir est la moins malheureuse de toutes
les relations qu'on peut entretenir avec un
grand nombre d'hommes.

La connaissance parfaite des hommes doit
amener, ou à s'affranchir de leur joug, ou à
les dominer par la puissance. Ce qu'ils atten-

dent de vous, ce qu'ils en espèrent, efface
leurs défauts, et fait ressortir toutes leurs
qualités. Ceux qui ont besoin de vous, sont
si ingénieusement aimables, leur dévouement
est si varié, leurs louanges prennent si facilement un caractère d'indépendance, leur émotion est si vive, qu'en assurant qu'ils aiment,
c'est eux-mêmes qu'ils trompent autant que
vous. L'action de l'espérance embellit tellement tous les caractères, qu'il faut avoir bien
de la finesse dans l'esprit, et de la fierté dans
le cœur, pour démêler et repousser les sentimens que votre propre pouvoir inspire : qui
veut donc aimer les hommes, doit les juger
pendant qu'ils ont besoin de vous ; mais cette
illusion d'un instant est payée de toute la vie.

Les peines de la carrière de l'ambition
commencent dès ses premiers pas, et son
terme vaut encore mieux qua le route qui
doit y conduire. Si c'est avec un esprit borné
qu'on veut atteindre à une place élevée,
est-il un état plus pénible que ces avertisse-
mens continuels donnés par l'intérêt à l'amour
propre ? Dans les situations communes de
la vie, on se fait illusion sur son propre
mérite ; mais un sentiment actif fait découvrir
à l'ambitieux la mesure de ses moyens, et sa
passion l'éclaire sur lui-même, non comme la

raison qui détache, mais comme le désir qui
s'inquiète ; alors il n'est plus occupé qu'à
tromper les autres, et pour y parvenir, il ne
se perd pas de vue ; l'oubli d'un instant lui
serait fatal ; il faut qu'il arrange avec art ce
qu'il sait et ce qu'il pense ; que tout ce qu'il
dit ne soit destiné qu'à indiquer ce qu'il est
censé cacher ; il faut qu'il cherche des instrumens habiles qui le secondent, sans trahir ce
qui lui manque, et des supérieurs pleins
d'ignorance et de vanité, qu'on puisse
détourner du jugement par la louange ; il
doit faire illusion à ceux qui dépendent de
lui par de la réserve, et tromper ceux dont il
espère par de l'exagération. Enfin, il faut
qu'il évite sans cesse tous les genres de démonstration du vrai ; mais aussi agité qu'un
coupable qui craint la révélation de son secret,
il sait qu'un homme d'un esprit fin peut
découvrir, dans le silence de la gravité,
l'ignorance qui se compose, et dans l'enthousiasme de la flatterie, la froideur qui s'exalte.
La pensée d'un ambitieux est constamment
tendue à la recherche des symptômes d'un
talent supérieur ; il éprouve tout-à-la-fois et
les peines de ce travail et son humiliation ;
et pour arriver au terme de ses espérances, il

doit constamment réfléchir sur les bornes de ses facultés.

Si vous supposez, au contraire, à l'homme ambitieux un génie supérieur, une ame énergique, sa passion lui commande de réussir ; il faut qu'il courbe, qu'il enchaîne tous les sentimens qui lui feraient obstacle ; il n'a pas seulement à craindre la peine des remords qui suivent l'accomplissement des actions qu'on peut se reprocher, mais la contrainte même du moment présent est une véritable douleur. On ne brave pas impunément ses propres qualités ; et celui que son ambition entraine à soutenir à la tribune une opinion que sa fierté repousse, que son humanité condamne, que la justesse de son esprit rejette, celui-là éprouve alors un sentiment pénible, indépendant encore de la réflexion qui peut l'absoudre ou le blâmer. Il se soutient peut-être par l'espoir de se montrer lui-même alors qu'il aura 'atteint son but ; mais s'il faisait naufrage avant d'arriver au port, s'il était banni pendant qu'à l'imitation de Brutus, il contrefait l'insensé, vainement vaudrait-il expliquer quel fût son intention, son espoir. Les actions sont toujours plus en relief que les commentaires, et ce qu'on a dit sur le théâtre n'est jamais effacé par ce qu'on écrit dans la retraite. C'est dans la lutte de leurs intérêts, et non dans le silence de leurs passions, qu'on croit découvrir les véritables opinions des hommes : et quel plus grand malheur que d'avoir mérité une réputation opposée à son propre caractère !

L'homme qui s'est jugé comme la voix publique, qui conserve au-dedans de lui tous les sentimens élevés qui l'accusent, et peut à peine s'oublier dans l'enivrement du succès, que deviendra-t-il à l'époque du malheur ? C'est par la connaissance intime des traces que l'ambition laisse dans le cœur après ses revers, et de l'impossibilité de fixer sa prospérité, qu'on peut juger sur-tout l'effroi qu'elle doit inspirer

Il ne faut qu'ouvrir l'histoire, pour connaître la difficulté de maintenir les succès de l'ambition ; ils ont pour ennemis la majorité des intérêts particuliers, qui tous demandent un nouveau tirage, n'ayant point eu de lots dans le résultat actuel du sort. Ils ont pour ennemis le hasard, qui a une marche très régulière quand on le calcule dans un certain espace de tems et avec une vaste application ; le hasard qui ramène à-peu-près les mêmes chances de succès et de revers, et semble s'être chargé de répartir également le bonheur entre les hommes. Ils ont pour ennemis le besoin qu'a le public de juger et de créer de nouveau, d'écarter un nom trop répété, d'éprouver l'émotion d'un nouvel événement : enfin, la multitude, composée d'hommes obscurs, veut que d'éclatantes chûtes relèvent de tems en tems le prix des conditions privées, et prêtent une force agissante aux raisonnemens abstraits qui vantent les paisibles avantages des destinées communes.

Les places éminentes se perdent aussi par le changement qu'elles produisent sur ceux qui les possèdent. L'orgueil ou la paresse, la défiance ou l'aveuglement, naissent de la possession continue de la puissance ; cette situation, où la modération est aussi necessaire que l'esprit de conquête, exige une réunion presque impossible, et l'ame, qui se fatigue ou s'inquiète, s'enivre ou s'épouvante, perd la force nécessaire pour se maintenir. Je ne parle ici que des succès réels de l'ambition ; il y en a beaucoup d'apparents, et c'est par eux qu'on devrait commencer l'histoire de ses revers. Quelques hommes ont conservé, jusqu'à la fin de la vie, le pouvoir qu'ils avaient acquis ;

mais, pour le retenir, il leur en a coûté tous
les efforts qu'il faut pour arriver, toutes
les peines que causent la perte ; l'un est
condamné à suivre le même système de
dissimulation qui l'a conduit au poste
qu'il occupe, et, plus tremblant que ceux
qui le prient, le secret de lui-même pèse sur
toute sa personne ; l'autre se courbe sans
cesse devant le maître quelconque, peuple ou
roi, dont il tient sa puissance. Dans une
monarchie, il est condamné à l'adoption de
toutes les vérités reçues, à l'importance de
toutes les formes établies : s'il étonne, il fait
ombrage ; s'il reste le même, on croit qu'il
s'affaiblit. Dans une démocratie, il faut
qu'il dévance le vœu populaire, qu'il lui
obéisse en répondant de l'événement ; qu'il
joue chaque jour toute sa destinée, et
n'espère rien de la veille pour le lendemain.
Enfin, il n'est point d'homme qui ait été
possesseur paisible d'une place éminente ; le
plus grand nombre en a marqué la perte
par une chûte éclatante ; d'autres ont acheté
sa possession par tous les tourmens de
l'incertitude et de la crainte; et cependant,
tel était l'effroi que causait le retour à
l'existence privée, qu'un seul homme ambitieux, Sylla, ayant volontairement abdiqué le

pouvoir, et survécu paisiblement à cette
grande résolution, le parti qu'il a pris est
encore l'étonnement des siècles, et le problême dont les moralistes se proposent tous la
solution. Charles-Quint se plongea dans la
contemplation de la mort, alors que, cessant
de régner, il crut cesser de vivre. Victor
Amédée voulut remonter sur le trône qu'une
imagination égarée lui avait fait abandonner.
Enfin, nul n'est descendu sans douleur d'un
rang qui le plaçait au-dessus des autres
hommes, nul ambitieux du moins : car que
sont les destinées sans l'ame qui les caractérise ? Les événemens sont l'extérieur
de la vie ; sa véritable source est toute
entière dans nos sentimens. Dioclétien peut
quitter le trône, Charles II. peut le conserver
en paix ; l'un est un philosophe, l'autre est
un Epicurien ; ils possèdent tous deux cette
couronne, objet des vœux des ambitieux ;
mais ils font du trône une condition privée,
et leurs qualités, comme leurs défauts, les
rendent absolument etrangers à l'ambition
dont leur existence serait le but. Enfin,
quand il existerait une chance de prolonger
la possession des biens offerts par l'ambition,
est-il une enterprise dont l'avance soit si
énorme ? L'ame qui s'y livre se rend à

jamais incapable de toute autre manière
d'exister ; il faut brûler tous les vaisseaux
qui pourraient ramener dans un séjour
tranquille, et se placer entre la conquête et la
mort. L'ambition est la passion qui, dans
ses malheurs, éprouve le plus le besoin de la
vengeance, preuve assurée que c'est celle
qui laisse après elle le moins de consolation.
L'ambition dénature le cœur ; quand on a
tout jugé par rapport à soi, comment se
transporter dans un autre ? Quand on n'a
examiné ceux qui nous entouraient que
comme des instrumens ou des obstacles,
comment voir en eux des amis ? L'égoïsme,
dans le cours naturel de l'histoire de l'ame,
est le défaut de la vieillesse, parce que c'est
celui dont on ne peut jamais se corriger.
Passer de l'occupation de soi à celle de tout
autre objet, est une sorte de régénération
morale dont il existe bien peu d'exemples.

L'amour de la gloire a tant de grandeur
dans ses succès, que ses revers en prennent
aussi l'empreinte ; la mélancolie peut se
plaire dans leur contemplation, et la pitié
qu'ils inspirent a des caractères de respect
qui servent à soutenir le grand homme qui
s'en voit l'objet. On sait que son espoir
était de s'immortaliser par des services

G

publics, que les couronnes de la renommée
furent le seul prix dont il poursuvit l'honneur ; il semble que les hommes, en l'abandonnant, courent des risques personnels.
Quelques-uns d'eux craignent de se tromper, en renonçant au bien qu'il voulait leur
faire ; aucun ne peut mépriser ni ses efforts,
ni son but ; il lui reste sa valeur personelle,
et l'appel à la postérité ; et si l'injustice le
renverse, l'injustice aussi sert de recours à
ses regrets.   Mais l'ambitieux, privé du
pouvoir, ne vit plus qu'à ses propres yeux :
il a joué, il a perdu ; telle est l'histoire de sa
vie.   Le public a gagné contre lui ; car les
avantages qu'il possédait sont rendus à l'espoir
de tous, et le triomphe de ses rivaux est la
seule sensation vive que produise sa retraite.
Bientôt celle-là même s'efface, et la meilleure
chance de bonheur pour cette situation, c'est
la facilité qu'on trouve à se faire oublier:
mais, par une réunion cruelle, le monde qu'on
voudrait occuper ne se rappelle plus de
votre existence passée, et ceux qui vous
approchent ne peuvent en perdre le souvenir.

Le gloire d'un grand homme jette au loin
un noble éclat sur ceux qui lui appartiennent ; mais les places, les honneurs dont
disposait l'ambitieux atteignent à tous les

intérêts de tous les instans. Les palmes du
génie tiennent à une respectueuse distance
de leur vainqueur ; les dons de la fortune
rapprochent, pressent autour de vous, et,
comme ils ne laissent après eux aucun droit
à l'estime lorsqu'ils vous sont ravis, tous vos
liens sont rompus ; ou si quelque pudeur
retient encore quelques amis, tant de regrets
personnels reviennent à leur pensée, qu'ils
reprochent sans cesse à celui qui perd toute
la part qu'ils avaient dans ses jouissances,
lui-même ne peut échapper à ses souvenirs ;
les privations les plus douloureuses sont
celles qui touchent à-la-fois à l'ensemble et
aux détails de toute la vie. Les jouissances
de la gloire éparses dans le cours de la
destinée, époques dans un grand nombre
d'années, accoutument, dans tous les tems, à
de longs intervalles de bonheur ; mais la
possession des places et des honneurs étant
un avantage habituel, leur perte doit se
ressentir à tous les momens de la vie.
L'amant de la gloire a une conscience, c'est
la fierté ; et quoique ce sentiment rende
beaucoup moins indépendant que le dévouement à la vertu, il affranchit des autres, s'il
ne donne pas de l'empire sur soi-même.
L'ambitieux n'a jamais mis la dignité du

caractère au-dessus des avantages du pouvoir ;
et comme aucun prix ne lui a paru trop cher
pour l'acquérir, aucune consolation ne doit
lui rester après l'avoir perdu.   Pour aimer et
posséder la gloire, il faut des qualités tellement éminentes, que, si leur plus grande
action est au-dehors de nous, cependant elles
peuvent encore servir d'aliment à la pensée
dans le silence de la retraite ; mais la passion
de l'ambition, les moyens qu'il faut pour
réussir dans ses désirs, sont nuls pour tout
autre usage : c'est de l'impulsion plutôt que
de la véritable force ; c'est une sorte d'ardeur
qui ne peut se nourrir de ses propres
ressources ; c'est le sentiment le plus ennemi
du passé, de la réflexion, de tout ce qui
retombe sur soi-même.   L'opinion, blâmant
les peines de l'ambition trompée, y met le
comble en se refusant à les plaindre : et ce
refus est injuste, car la pitié doit avoir une
autre destination que l'estime ; c'est à
l'étendue du malheur qu'il faut la propor-
tionner.   Enfin, les malheurs de l'ambition
sont d'une telle nature, que les caractères
les plus forts n'ont jamais trouvés en eux-
mêmes la puissance de s'y soumettre.

Le cardinal Alberoni voulait encore dominer la république de Lucques qu'il avait

choisie pour retraite. On voit des vieillards traîner à la cour l'inquiétude qui les agite, bravant le ridicule et le mépris, pour s'attacher à la dernière ombre du passé.

La passion de la gloire ne peut être trompée sur son objet ; elle veut, ou le posséder en entier, ou rejeter tout ce qui serait un diminutif de lui-même ; mais l'ambition a besoin de la première, de la seconde, de la dernière place dans l'ordre du crédit et du pouvoir, et se rattache à chaque degré, cédant à l'horreur que lui inspire la privation absolue de tout ce qui peut combler ou satisfaire, ou même faire illusion à ses désirs.

Ne peut-on pas, dira-t-on, vivre après avoir possédé de grandes places, comme avant de les avoir obtenues ? Non : jamais un effort impuissant ne laisse revenir au point dont il voulait vous sortir ; la réaction fait redescendre plus bas, et le grand et cruel caractère des passions c'est d'imprimer leur mouvement à toute la vie, et leur bonheur à peu d'instans.

Si ces considérations générales suffisent pour éclairer sur la juste influence de l'ambition sur le bonheur, les auteurs, les témoins, les contemporains de la révolution de France devoint trouver au fond de leur cœur de

nouveaux motifs d'éloignement pour toutes
les passion politiques.

Dans les tems de révolution, c'est l'ambition
seule qui peut obtenir des succès. Il reste
encore des moyens d'acquérir du pouvoir ;
mais l'opinion qui distribue la gloire, l'opinion
n'existe plus ; le peuple commande au lieu
de juger ; jouant un rôle actif dans tous les
événemens, il prend parti pour ou contre tel
ou tel homme. Il n'y a plus, dans une
nation, que des combattans ; l'impartial
pouvoir qu'on appelle le public, ne se montre
nulle part. Ce qui est grand et juste d'une
manière absolue, n'est donc plus reconnu ;
tout est estimé dans son rapport avec les
passions du moment : les étrangers n'ont
aucun moyen de connaître l'estime qu'ils
doivent à une conduite que tous les témoins
ont blâmée ; aucune voix même, peut-être,
ne la rapportera fidèlement à la postérité.
Au milieu d'une révolution, il faut en croire
ou l'ambition ou la conscience, nul autre
guide ne peut conduire à son but. Et quelle
ambition ! Quel horrible sacrifice elle impose !
Quelle triste couronne elle promet ! Une
révolution suspend toute autre puissance que
celle de la force ; l'ordre social établit l'ascendant de l'estime, de la vertu : les révolutions

mettent tous les hommes aux prises avec
leurs moyens physiques ; la sorte d'influence
morale qu'elles admettent, c'est le fanatisme
de certaines idées qui, n'étant susceptibles
d'aucune modification ni d'aucune borne,
sont des armes de guerre, et non des calculs
de l'esprit. Pour être donc ambitieux dans
une révolution, il faut marcher toujours en
avant de l'impulsion donnée ; c'est une
descente rapide où l'on ne peut s'arrêter ;
vainement on voit l'abyme ; si l'on se jette
en bas du char, on est brisé par cette chûte ;
éviter le péril, est plus dangereux que
l'affronter : il faut conduire soi-même dans le
sentier qui doit vous perdre, et le moindre
pas retrograde, renverse l'homme sans
détourner l'événement. Il n'est rien de plus
insensé que de se mêler dans des circonstances
tout-à-fait indépendantes de la volonté individuelle ; c'est attacher bien plus que sa vie ;
c'est livrer toute la moralité de sa conduite
à l'entraînement d'un pouvoir matériel. On
croit influer dans les révolutions ; on croit
agir, être cause, et l'on n'est jamais qu'une
pierre de plus lancée par le mouvement de la
grande roue ; un autre aurait pris votre place,
un moyen différent eût amené le même
résultat ; le nom de chef signifie le premeir

précipité par la troupe qui marche derrière,
et pousse en avant.

Les revers et les succès de tout ce qu'on
voit dominer dans une révolution, ne sont
que la rencontre heureuse ou malheureuse de
tel homme avec telle période de la nature des
choses. Il n'est point de factieux de bonne
foi qui puisse prédire ce qu'il fera le lendemain ; car c'est la puissance qu'il importe
à une faction d'obtenir plutôt que le but
d'abord poursuivi. On peut triompher en
faisant le contraire de ce qu'on a projeté, si
c'est le même parti qui gouverne, et les
fanatiques seuls retiennent les factieux dans
la même route ; ces derniers ne cherchent
que le pouvoir, et jamais ambition ne coûta
tant au caractère. Dans ces tems, pour
dominer à un certain degré les autres hommes,
il faut qu'ils n'aient pas de données sûres
pour calculer, à l'avance votre conduite ; dès
qu'ils vous savent inviolablement attachés à
tels principes de moralité, ils se portent en
attaque sur la route que vous devez suivre.
Pour obtenir, pour conserver quelques
momens le pouvoir dans une révolution, il ne
faut écouter ni son ame, ni son esprit même.
Quel que soit le parti qu'on ait embrassé, la
faction est démagogue dans son essence ; elle

est composée d'hommes qui ne veulent
pas obéir, qui se sentent nécessaires, et
ne se croyent point liés à ceux qui les
commandent ; elle est composée d'hommes prêts à choisir de nouveaux chefs
chaque jour, parce qu'il n'est question .
que de leur intérêt, et non d'une subor-
dination antérieure, naturelle ou politique :
il importe plus aux chefs de n'être pas
suspects à leurs soldats, que redoutables à
leurs ennemis. Des crimes de tout genre,
des crimes inutiles aux succès de la cause,
sont commandés par le féroce enthousiasme
de la populace ; elle craint la pitié, quel que
soit le degré de sa force ; c'est par de la
fureur, et non de la clémence, qu'elle sent
son pouvoir. Un peuple qui gouverne ne
cesse jamais d'avoir peur ; il se croit toujours
au moment de perdre son autorité, et disposé,
par sa situation, au mouvement de l'envie,
il n'a jamais, pour les vaincus, l'intérêt
qu'inspire la faiblesse opprimée ; il ne cesse
pas de les redouter. L'homme donc qui
veut acquérir une grande influence dans ces
tems de crise, doit rassurer la multitude par
son inflexible cruauté. Il ne partage point
les terreurs que l'ignorance fait éprouver ;
mais il faut qu'il accomplisse les affreux

sacrifices qu'elle demande; il faut qu'il
immole des victimes qu'aucun intérêt ne lui
fait craindre, que son caractère souvent lui
inspirait le désir de sauver; il faut qu'il
commette des crimes sans égarement, sans
fureur, sans atrocité même, à l'ordre d'un
souverain dont il ne peut prévoir les com-
mandemens, et dont son ame éclairée ne
saurait adopter aucune des passions. Eh!
quel prix pour de tels efforts! Quelle sorte
de suffrage on obtient! Combien est tyran-
nique la reconnaissance qui couronne! On
voit si bien les bornes de son pouvoir, on
sent si souvent qu'on obéit alors même qu'on
a l'air de commander; les passions des hommes sont tellement mises en-dehors dans un
tems de révolution, qu'aucune illusion n'est
possible; et la plus magique des émotions,
celle que fait éprouver les acclamations de
tout un peuple, ne peut plus se renouveler
pour celui qui a vu ce peuple dans les
mouvemens d'une révolution. Comme
Cromwell, il dit en traversant la foule dont
les suffrages le couronnent: " Ils applaudi-
" raient de même si l'on me conduisait à
" l'échafaud." Cet avenir n'est séparé de
soi par aucun intervalle, demain peut en être
le jour; vos juges, vos assassins sont dans

la multitude qui vous entourent, et le transport qui vous exalte est l'impulsion même qui peut vous renverser. Quel danger vous menace! quelle rapidité dans la chûte! quelle profondeur dans l'abîme! Sans que le succès soit élevé plus haut, le revers vous fait tomber plus bas, vous enfonce plus avant dans le néant de votre destinée.

La diversité des opinions empêche aucune gloire de s'établir : mais ces mêmes opinions se réunissent toutes pour le mépris ; il prend un caractère d'acclamation, et le peuple, quand il abandonne l'ambitieux, s'éclairant sur les crimes qu'il lui a fait commettre, l'accable pour s'en absoudre. Celui qui prend pour guide sa conscience est sûr de son but ; mais malheur à l'homme avide de pouvoir, qui s'est élancé dans une révolution. Cromwell est resté usurpateur, parce que le principe des troubles qu'il avait fait naître était la religion, qui soulève sans déchaîner, était un sentiment superstitieux, qui portait à changer de maître, mais non à détester tous les jougs. Mais quand la cause des révolutions est, l'exaltation de toutes les idées de la liberté, il ne se peut pas que les premiers chefs de l'insurrection conservent de la puissance ; il faut qu'ils excitent le mouvement qui les renversera les premiers ; il faut qu'ils développent les principes qui servent à les juger : enfin, ils peuvent servir leur opinion, mais jamais leur intérêt, et dans une révolution le fanatisme est plus sensé que l'ambition.

CHAPITRE III.

De la Vanité.

On se demande, si la vanité est une passion ? En considérant l'insuffisance de son objet, on serait tenté d'en douter ; mais en observant la violence des mouvemens qu'elle inspire, on y reconnaît tous les caractères des passions, et l'on retrouve tous les malheurs qu'elles entraînent dans la dépendance servile où ce sentiment vous met du cercle qui vous entoure. L'amour de la gloire se fonde sur ce qu'il y a de plus élevé dans la nature de l'homme ; l'ambition tient à ce qu'il y a de plus positif dans les relations des hommes entr'eux ; la vanité s'attache à ce qui n'a de valeur réelle, ni dans soi, ni dans les autres, à des avantages apparens, à des effets passagers ; elle vit du rebut des deux autres passions ; quelquefois cependant elle se réunit à leur empire ; l'homme atteint aux extrêmes par sa force et sa faiblesse, mais plus habituellement la vanité l'emporte sur-tout dans les caractères qui l'éprouvent. Les peines de cette passion sont assez peu connues, parce que ceux qui les ressentent en gardent le secret, et que tout le monde étant convenu de mépriser ce sentiment, jamais on n'avoue les souvenirs ou les craintes dont il est l'objet.

L'un des premiers chagrins de la vanité est de trouver en elle-même et la cause de ses malheurs et le besoin de les cacher. La vanité se nourrit de succès trop peu relevés pour qu'il existe aucune dignité dans ses revers.

La gloire, l'ambition se nomment. La vanité règne quelquefois à l'insu même du caractère qu'elle gouverne ; jamais du moins sa puissance n'est publiquement reconnue par celui qui s'y soumet : il voudrait qu'on le crût supérieur aux succès qu'il obtient, comme à ceux qui lui sont refusés : mais le public, dédaignant son but, et remarquant ses efforts, déprise la possession, en rendant amère la perte. L'importance de l'objet auquel on aspire ne donne point la mesure de la douleur que fait éprouver la privation ; c'est à la violence du désir qu'il inspirait, c'est sur-tout à l'opinion que les autres se sont formés de l'activité de nos souhaits, que cette douleur se proportionne.

Ce qui caractérise les peines de la vanité, c'est qu'on apprend par les autres, bien plus que par son sentiment intime, le degré de chagrin qu'on doit en ressentir : plus on vous croit affligé, plus on se trouve de raisons de l'être. Il n'est aucune passion qui ramène autant à soi ; mais il n'en est aucune qui vienne moins de notre propre mouvement, toutes ses impulsions arrivent du dehors. C'est non-seulement à la réunion des hommes en société que ce sentiment est dû, mais c'est à un degré de civilisation qui n'est pas connu dans tous les pays, et dont les effets seraient presque impossibles à concevoir pour un peuple dont les institutions et les mœurs seraient simples ; car la nature éloigne des mouvemens de la vanité, et l'on ne peut comprendre comment des malheurs si réels naissent de mouvemens si peu nécessaires.

Avez-vous jamais rencontré Damon ? Il est d'une naissance obscure ; il le sait ; il est certain que personne ne l'ignore : mais au lieu de dédaigner cet avantage par intérêt et par raison, il n'a qu'un but dans l'existence, c'est de vous parler des grands seigneurs avec lesquels il a passé sa vie ; il les protège, de peur d'en être protégé ; il les appelle par

leur nom, tandis que leurs égaux y joignént
leurs titres, et se fait reconnaître subalterne
par l'inquiétude même de le paraître.   Sa
conversation est composée de parenthèses,
principal objet de toutes ses phrases ; il
voudrait laisser échapper ce qu'il a le plus
grand besoin de dire ; il essaye de se montrer
fatigué de tout ce qu'il envie. Pour se faire
croire à son aise, il tombe dans les manières
familières ; il s'y confirme, parce que personne ne compte assez avec lui pour les
repousser, et tout ce dont il est flatté dans le
monde est un composé du peu d'importance
qu'on met à lui, et du soin qu'on a de ména-
ger ses ridicules pour ne pas perdre le plaisir
de s'en mocquer. Sur qui produit-il l'effet
qu'il souhaite ? Sur personne ; peut-être
même il s'en doute : mais la vanité s'exerce
pour elle-même ; en voulant détromper
l'homme vain, on l'agite, mais on ne le cor-
rige pas ; l'espérance renaît à l'instant même
du dégoût, ou plutôt, comme il arrive
souvent dans la plupart des passions, sans
concevoir précisément de l'esperance, on ne
peut se résigner au sacrifice.

Connaissez-vous Licidas ? Il a vieilli
dans les affaires sans y prendre une idée, sans
atteindre à un résultat ; cependant il se croit

l'esprit des places qu'il a occupées ; il vous
confie ce qu'ont imprimé les gazettes ; il
parle avec circonspection même des ministres
du siècle dernier ; il achève ses phrases par
une mine concentrée, qui ne signifie pas plus
que les paroles ; il a des lettres de ministres,
d'hommes puissans, dans sa poche, qui lui
parlent du tems qu'il fait, et lui semblent une
preuve de confiance ; il frémit à l'aspect de ce
qu'il appelle une mauvaise tête, et donne
assez volontiers ce nom à tout homme supérieur ; il a une diatribe contre l'esprit à
laquelle la majorité d'un sallon applaudit
presque toujours : *cest*, vous dit-il, *un obstacle
à bien voir que l'esprit; les gens d'esprit
n'entendent point les affaires.* Licidas, il
est vrai, que vous n'avez pas d'esprit ; mais
il n'est pas prouvé pour cela que vous soyez
capable de gouverner un empire.

On tire très souvent vanité des qualités
qu'on n'a pas ; on voit des hommes se glorifier
des facultés spirituelles ou sensibles qui leur
manquent. L'homme vain s'enorgueillit de
tout lui-même indistinctement : *c'est moi,
c'est encore moi*, s'écrie-t-il ; cet égoïsme
d'enthousiasme fait un charme à ses yeux de
chacun de ses défauts.—Cléon est encore à
cet égard un bien plus brillant spectacle ;

H

toutes les prétentions à-la-fois sont entrées dans son ame ; il est laid, il se croit aimé ; son livre tombe, c'est par une cabale qui l'honore ; on l'oublie, il pense qu'on le persécute ; il n'attend pas que vous l'ayez loué, il vous dit ce que vous devez penser ; il vous parle de lui sans que vous l'interrogiez ; il ne vous écoute pas si vous lui répondez ; il aime mieux s'entendre, car vous ne pouvez jamais égaler ce qu'il va dire de lui-même. Un homme d'un esprit infini disoit, en parlant de ce qu'on pouvoit appeler précisément un homme orgueilleux et vain : *en le voyant j'éprouve un peu du plaisir que cause le spectacle d'un bon ménage, son amour-propre et lui vivent si bien ensemble.* En effet, quand l'amour-propre est arrivé à un certain excès, il se suffit assez à lui-même pour ne pas s'inquiéter, pour ne pas douter de l'opinion des autres ; c'est presque une ressource qu'on trouve en soi, et cette crédulité, dans son propre mérite, a bien quelques-uns des avantages de tous les cultes fondés sur une ferme croyance.

Mais puisque la vanité est une passion, celui qui l'éprouve ne peut être tranquille ; séparé de toutes les jouissances impersonnelles, de toutes les affections sensibles, cet égoïsme

détruit la possibilité d'aimer ; il n'y a point
de but plus stérile que soi même ; l'homme
n'accroît ses facultés qu'en les dévouant
au-dehors de lui, à une opinion, à un attachement, à une vertu quelconque.. La vanité,
l'orgueil donnent quelque chose de stationnaire à la pensée, qui ne permet pas de sortir
du cercle le plus étroit ; et cependant, dans
ce cercle, il y a une puissance de malheur
plus grande que dans toute autre existance
dont les intérêts seraient plus multipliés. En
concentrant sa vie, on concentre aussi sa
douleur ; et qui n'existe que pour soi, diminue
ses moyens de jouir, en se rendant d'autant
plus accessible à l'impression de la souffrance:
on voit cependant à l'extérieur de certains
hommes, de tels symptômes de contentement
et de sécurité, qu'on serait tenté d'ambitionner leur vanité comme la seule jouissance
véritable, puisque c'est la plus parfaite des
illusions ; mais une réflexion détruit toute
l'autorité de ces signes apparens ; c'est que
de tels hommes, n'ayant pour objet dans la
vie que l'effet qu'ils produisent sur les autres,
sont capables pour dérober à tous les regards
les tourmens secrets que des revers ou des
dégoûts leur causent, d'un genre d'effort dont
aucun autre motif ne donnerait le pouvoir.

Dans la plupart des situations, le bonheur
même fait partie du faste des hommes vains,
ou s'ils avouaient une peine, ce ne serait
jamais que celle qu'il est honorable de ressentir.

La vanité des hommes supérieurs les fait
prétendre aux succès auxquels ils ont le
moins de droit; cette petitesse des grands
génies se retrouve sans cesse dans l'histoire:
on voit des écrivains célèbres ne mettre de
prix qu'à leurs faibles succès dans les affaires
publiques; des guerriers, des ministres cou-
rageux et fermes, être avant tous flattés de
la louange accordée à leurs médiocres écrits;
des hommes, qui ont de grandes qualités,
ambitionner de petits avantages: enfin, comme
il faut que l'imagination allume toutes les
passions, la vanité est bien plus active sur les
succès dont on doute, sur les facultés dont
on ne se croit pas sûr; l'émulation excite nos
qualités véritables; la vanité se place en
avant de tout ce qui nous manque; la vanité
souvent ne détruit pas la fierté; et comme
rien n'est si esclave que la vanité, et si indépendant, au contraire, que la véritable fierté,
il n'est pas de supplice plus cruel que la
réunion de ces deux sentimens dans le même
caractère. On a besoin de ce qu'on méprise;

on ne peut s'y soumettre, on ne peut s'en
affranchir ; c'est a ses propres yeux que l'on
rougit ; c'est à ses propres yeux que l'on
produit l'effet que le spectacle de la vanité
fait éprouver à un esprit éclairé et à une ame
élevée.

Cette passion, qui n'est grande que par la
peine qu'elle cause, et ne peut qu'à ce seul
titre marcher de pair avec les autres, se
développe parfaitement dans les mouvemens
des femmes : tout en elles est amour ou
vanité. Dès qu'elles veulent avoir avec les
autres des rapports plus étendus ou plus
éclatans que ceux qui naissent des sentimens
doux qu'elles peuvent inspirer à ce qui les
entoure, c'est à des succès de vanité qu'elles
prétendent. Les efforts qui peuvent valoir aux
hommes de la gloire et du pouvoir, n'obtiennent
presque jamais aux femmes qu'un applaudis-
sement éphémère, un crédit d'intrigue ; enfin,
un genre de triomphe du ressort de la vanité,
de ce sentiment en proportion avec leurs
forces et leur destinée : c'est donc en elles
qu'il faut l'examiner.

Il est des femmes qui placent leur vanité
dans des avantages qui ne leur sont point
personnels ; tels que la naissance, le rang
et la fortune : il est difficile de moins sentir

la dignité de son sexe. L'origine de toutes
les femmes est céleste, car c'est aux dons
de la nature qu'elles doivent leur empire :
en s'occupant de l'orgueil et de l'ambition,
elles font disparaître tout ce qu'il y a de
magique dans leurs charmes ; le crédit
qu'elles obtiennent ne paraissent jamais
qu'une existence passagère et bornée, ne
leur vaut point la considération attachée à
un grand pouvoir, et les succès qu'elles
conquèrent ont le caractère distinct des
triomphes de la vanité : ils ne supposent ni
estime, ni respect pour l'objet à qui on les
accorde. Les femmes animent ainsi contr'elles les passions de ceux qui ne voulaient
penser qu'à les aimer. Le seul vrai ridicule,
celui qui naît du contraste avec l'essence des
choses, s'attache à leurs efforts ; lorsqu'elles
s'opposent aux projets, à l'ambition des
hommes, elles excitent le vif ressentiment
qu'inspire un obstacle inattendu ; si elles se
mêlent des intrigues politiques dans leur
jeunesse, la modestie doit en souffrir ; si
elles sont vieilles, le dégoût qu'elles causent
comme femmes, nuit à leur pretention
comme homme. La figure d'une femme,
quelle que soit la force ou l'étendue de son
esprit, quelle que soit l'importance des

objets dont elle s'occupe, est toujours un
obstacle ou une raison dans l'histoire de
sa vie ; les hommes l'ont voulu ainsi. Mais
plus ils sont décidés à juger une femme selon
les avantages ou les défauts de son sexe,
plus ils détestent de lui voir embrasser une
destinée contraire à sa nature.

Ces réflexions ne sont point destinées, on
le croira facilement, à détourner les femmes
de toute occupation sérieuse, mais du malheur de se prendre jamais elles-mêmes pour
but de leurs efforts. Quand la part qu'elles
ont dans les affaires naît de leur attachement
pour celui qui les dirige, quand le sentiment
seul dicte leur opinions, inspire leurs
démarches, elles ne s'écartent point de la
route que la nature leur a tracée : elles
aiment, elles sont femmes ; mais quand elles
se livrent à une active personnalité, quand
elles veulent ramener à elles tous les
événemens, et les considèrent dans le rapport
de leur propre influence, de leur intérêt
individuel, alors à peine sont-elles dignes des
applaudissemens éphémères dont les triomphes de la vanité se composent. Les
femmes ne sont presque jamais honorés par
aucun genre de prétentions ; les distinctions
de l'esprit même, qui sembleraient offrir une

carrière plus étendue, ne leur valènt souvent
qu'une existence à la hauteur de la vanité.
La raison de ce jugement inique ou juste,
c'est que les hommes ne voyent aucun genre
d'utilité générale à encourager les succès des
femmes dans cette carrière, et que tout
éloge qui n'est pas fondé sur la base de
l'utilité, n'est ni profond, ni durable, ni universel. Le hasard amène quelques exceptions;
s'il est quelques ames entraînées, ou par leur
talent, ou par leur caractère, elles s'écarteront,
peut-être, de la règle commune, et quelques
palmes de gloire peuvent un jour les couron-
ner ; mais elles n'échapperont pas à l'inévitable malheur qui s'attachera toujours à leur
destinée.

Le bonheur des femmes perd à toute espèce
d'ambition personnelle. Quand elles ne
veulent plaire que pour être aimées, quand
ce doux espoir est le seul motif de leurs
actions, elles s'occupent plus de se perfectionner que de se montrer, de former leur
esprit pour le bonheur d'un autre que pour
l'admiration de tous: mais quand elles aspirent
à la célébrité, leurs efforts, comme leurs
succès, éloignent le sentiment qui, sous des
noms différens, doit toujours faire le destin
de leur vie. Une femme ne peut exister par

elle.; la gloire même ne lui servirait pas d'un
appui suffisant, et l'insurmontable faiblesse
de sa nature et de sa situation, dans l'ordre
social, l'a placée dans une dépendance de
tous les jours dont un génie immortel ne
pourrait encore la sauver. D'ailleurs, rien
n'efface dans les femmes ce qui distingue
particulièrement leur caractère. Celle qui
se voueroit à la solution des problèmes
d'Euclide, voudrait encore le bonheur attaché
aux sentimens qu'on inspire et qu'on
éprouve ; et quand elles suivent une carrière
qui les en éloigne, leurs regrets douloureux,
ou leurs prétentions ridicules prouvent que
rien ne peut les dédommager de la destinée
pour laquelle leur ame était créée. Il semble
que des succès éclatans offrent des jouissances
d'amour-propre à l'ami de la femme célèbre
qui les obtient ; mais l'enthousiasme que ces
succès font naître a peut-être moins de durée,
que l'attrait fondé sur les avantages les plus
frivoles. Les critiques, qui suivent nécessairement les éloges, détruisent la sorte
d'illusion à travers laquelle toutes les femmes
ont besoin d'être vues. L'imagination peut
créer, embellir par ses chimères un objet
inconnu ; mais celui que tout le monde a
jugé ne reçoit plus rien d'elle. La véritable

valeur reste, mais l'amour est plus épris de
ce qu'il donne que de ce qu'il trouve.
L'homme se complait dans la supériorité de
sa nature, et, comme Pigmalion, il ne se
prosterne que devant son ouvrage.   Enfin,
si l'éclat de la célébrité d'une femme attire
des hommages sur ses pas, c'est par un sentiment peut-être étranger à l'amour ; il en
prend les formes ; mais c'est comme un moyen
d'avoir accès auprès de la nouvelle sorte de
puissance qu'on veut flatter.   On approche
d'une femme distinguée comme d'un homme
en place ; la langue dont on se sert n'est pas
semblable, mais le motif est pareil.   Quelquefois, enivrés par le concours des hommages
qui environnent la femme dont ils s'occupent,
les adorateurs s'exaltent mutuellement ; mais
dans leur sentiment ils dépendent les uns des
autres.   Les premiers qui s'éloigneraient
pourraient détacher ceux qui restent, et celle
qui semble l'objet de toutes leurs pensées,
s'apperçoit bientôt qu'elle retient chacun
d'eux par l'exemple de tous.

De quels sentimens de jalousie et de haine
les grands succès d'une femme ne sont-ils
pas l'objet ! Que de peines causées par les
moyens sans nombre que l'envie prend pour
la persécuter ! La plupart des femmes sont

contr'elle, par rivalité, par sottise, ou par
principe. Les talens d'une femme, quels
qu'ils soient, les inquiètent toujours dans
leurs sentimens. Celles à qui les distinctions
de l'esprit sont à jamais interdites, trouvent
mille manières de les attaquer quand c'est une
femme qui les possède ; une jolie personne, en
déjouant ces distinctions, se flatte de signaler
ses propres avantages. Une femme qui se
croit remarquable par la prudence et la
mesure de son esprit, et qui, n'ayant jamais
eu deux idées dans la tête, veut passer pour
avoir rejeté tout ce qu'elle n'a jamais com-
pris, une telle femme sort un peu de sa
stérilité accoutumée, pour trouver mille
ridicules à celle dont l'esprit anime et varie
la conversation : et les mères de famille,
pensant, avec quelque raison, que les succès
mêmes du véritable esprit ne sont pas con-
formes à la destination des femmes, voyent
attaquer avec plaisir celles qui en ont obtenu.

D'ailleurs, la femme qui, en atteignant à
une véritable supériorité, pourrait se croire
au-dessus de la haine, et s'élèverait par sa
pensée au sort des hommes les plus célèbres ;
cette femme n'aurait jamais le calme et la
force de tête qui les caractérisent ; l'imagination serait toujours la première de ses facultés :

son talent pourrait s'en accroître ; mais son
ame serait trop fortement agitée, ses sentimens seraient troublés par ses chimères, ses
actions entraînées par ses illusions ; son
esprit pourrait mériter quelque gloire, en
donnant à ses écrits la justesse de la raison ;
mais les grands talens, unis à une imagination
passionnée, éclairent sur les résultats généraux et trompent sur les relations personnelles.   Les femmes sensible et mobiles
donneront toujours l'exemple de cette bizarre
union de l'erreur et de la vérité, de cette sorte
d'inspiration de la pensée, qui rend des
oracles à l'univers, et manque du plus simple
conseil pour soi-même.   En étudiant le petit
nombre de femmes qui ont de vrais titres à la
gloire, on verra que cet effort de leur nature
fut toujours aux dépens de leur bonheur.
Après avoir chanté les plus douces leçons
de la morale et de la philosophie, Sapho se
précipita du haut du rocher de Leucade ;
Elisabeth, après avoir dompté les ennemis de
l'Angleterre, périt victime de sa passion pour
le comté d'Essex.   Enfin, avant d'entrer
dans cette carrière de gloire, soit que le trône
des Césars, ou les couronnes du génie litté-
raire en soient le but, les femmes doivent
penser que, pour la gloire même, il faut

renoncer au bonheur et au repos de la
destinée de leur sexe, et qu'il est dans cette
carrière bien peu de sorts qui puissent valoir
la plus obscure vie d'une femme aimée et
d'une mère heureuse.

En quittant un moment l'examen de la
vanité, j'ai jugé jusqu'à l'éclat d'une grande
renommée ; mais que dirai-je de toutes ces
prétentions à de misérables succès littéraires
pour lesquels on voit tant de femmes négliger
leurs sentimens et leurs devoirs ? Absorbées
par cet intérêt, elles abjurent, plus que les
guerrières du tems de la chevalerie, le caractère
distinctif de leur sexe ; car il vaut mieux
partager dans les combats les dangers de ce
qu'on aime, que se traîner dans les luttes de
l'amour-propre, exiger du sentiment, des
hommages pour la vanité, et puiser ainsi dans
la source éternelle pour satisfaire le mouvement le plus éphémère, et le désir dont le but
est le plus restreint : l'agitation que fait
éprouver aux femmes une prétention plus
naturelle, puisqu'elle tient de plus près à
l'espoir d'être aimée ; l'agitation que fait
éprouver aux femmes le besoin de plaire par
les agrémens de leur figure, offre aussi le
tableau le plus frappant des tourmens de la
vanité.

Regardez une femme au milieu d'un bal, désirant d'être trouvée la plus jolie, et craignant de n'y pas réussir. Le plaisir au nom duquel on se rassemble est nul pour elle; elle ne peut en jouir dans aucun moment; car il n'en est point qui ne soit absorbé, et par sa pensée dominante, et par les efforts qu'elle fait pour la cacher. Elle observe les regards, les plus légers signes de l'opinion des autres, avec l'attention d'un moraliste et l'inquiétude d'un ambitieux; et voulant dérober à tous les yeux le tourment de son esprit, c'est à l'affectation de sa gaieté pendant le triomphe de sa rivale, à la turbulence de la conversation qu'elle veut entretenir pendant que cette rivale est applaudie, à l'empressement trop vif qu'elle lui témoigne; c'est au superflu de ses efforts enfin qu'on apperçoit son travail. La grace, ce charme suprême de la beauté, ne se developpe que dans le repos du naturel et de la confiance; les inquiétudes et la contrainte ôtent les avantages mêmes qu'on possède; le visage s'altère par la contraction de l'amour-propre. On ne tarde pas à s'en appercevoir, et le chagrin que cause une telle découverte augmente encore le mal qu'on voudrait réparer. La peine se multiplie par la peine, et le but s'éloigne par l'action même du désir; et dans ce tableau, qui semblerait ne devoir rappeler que l'histoire d'un enfant, se trouvent les douleurs d'un homme, les mouvemens qui conduisent au désespoir et font haïr la vie; tant les intérêts s'accroissent par l'intensité de l'attention qu'on y attache; tant la sensation qu'on éprouve naît du caractère qui la reçoit bien plus que de l'objet qui la donne.

Eh bien, à côté du tableau de ce bal, où les prétentions les plus frivoles ont mis la vanité dans tout son jour, c'est dans le plus grand événement qui ait agité l'espèce humaine, c'est dans la révolution de France qu'il faut en observer le développement complet : ce sentiment, si borné dans son but, si petit dans son mobile, qu'on pouvait hésiter à lui donner une place parmi les passions ; ce sentiment a été l'une des causes du plus grand choc qui ait ébranlé l'univers. Je n'appellerai point vanité le mouvement qui a porté vingt-quatre millions d'hommes à ne pas vouloir des privilèges de deux cents mille ; c'est la raison qui s'est soulevée, c'est la nature qui a repris son niveau. Je ne dirai pas même que la resistance de la noblesse à la Révolution ait été produite par la vanité ; le règne

de la terreur a fait porter sur cette classe des
persécutions et des malheurs qui ne permettent plus de rappeler le passé. Mais c'est
dans la marche intérieure de la Révolution
qu'on peut observer l'empire de la vanité, du
désir des applaudissemens éphémères, *du besoin de faire effet*, de cette passion native de
France, et dout les étrangers, comparative-
ment à nous, n'ont qu'une idée très imparfaite.
—Un grand nombré d'opinions ont été dic-
tées par l'envie de surpasser l'orateur précé-
dent, et de se faire applaudir après lui ; l'introduction des spectateurs dans la salle des
délibérations a suffi seule pour changer la
direction des affaires en France. D'abord on
n'accordait aux applaudissemens que des
phrases ; bientôt, pour obtenir ces applaudissemens, on a cédé des principes, proposé des
décrets, approuvé jusqu'à des crimes ; et
par une double et funeste réaction, ce qu'on
faisait pour plaire à la foule, égarait son jugement, et ce jugement égaré exigeait de
nouveaux sacrifices. Ce n'est pas d'abord à
satisfaire des sentimens de haine et de fureur
que des décrets barbares ont été consacrés ;
c'est aux battemens de main des tribunes : ce
bruit enivrait les orateurs et les jetait dans
l'état où les liqueurs fortes plongent les

sauvages ; et les spectateurs eux-mêmes qui
applaudissaient, voulaient, par ces signes
d'approbation, faire effet sur leurs voisins, et
jouissaient d'exercer de l'influence sur leurs
représentans : sans doute l'ascendant de la
peur a succédé à l'émulation de la vanité ;
mais la vanité avait créé cette puissance qui
a anéanti, pendant un tems, tous les mouvemens spontanés des hommes. Bientôt après
le règne de la terreur, on voyait la vanité
renaître, les individus les plus obscurs se
vantaient d'avoir été portés sur des listes de
proscriptions : la plupart des Français qu'on
rencontre, tantôt prétendent avoir joué le
rôle le plus important, tantôt assurent que
rien de ce qui s'est passé en France ne serait
arrivé, si l'on avait cru le conseil que chacun
d'eux a donné dans tels lieux, à telle heure,
pour telle circonstance. Enfin, en France,
on est entouré d'hommes qui tous se disent
le centre de cet immense tourbillon ; on est
entouré d'hommes qui tous auraient préservé
la France de ses malheurs, si on les avait
nommés aux premières places du gouvernement ; mais qui tous, par le même sentiment, se refusent à se confier à la supériorité,
à reconnaître l'ascendant du génie ou de la
vertu. C'est une importante question qu'il

faut soumettre aux philosophes et aux pub-
licistes, de savoir si la vanité sert ou nuit au
maintien de la liberté dans une grande nation.
Elle met d'abord certainement un véritable
obstacle à l'établissement d'un gouvernement
nouveau ; il suffit qu'une constitution ait
été faite par tels hommes, pour que tels
autres ne veuillent pas l'adopter ; il faut,
comme après la session de l'assemblée constituante, éloigner les fondateurs pour faire
adopter les institutions ; et cependant les
institutions périssent, si elles ne sont pas
défendues par leurs auteurs. L'envie, qui
cherche à s'honorer du nom de défiance,
détruit l'émulation, éloigne les lumières, ne
peut supporter la réunion du pouvoir et de la
vertu, cherche à les diviser pour les opposer
l'un à l'autre, et crée la puissance du crime,
comme la seule qui dégrade celui qui la
possède ; mais quand de longs malheurs ont
abattu les passions, quand on a tellement
besoin de loix, qu'on ne considère plus les
hommes que sous le rapport du pouvoir légal
qui leur est confié, il est possible que la
vanité, alors qu'elle est l'esprit général d'une
nation, serve au maintien des institutions
libres. Comme elle fait haïr l'ascendant
d'un homme, elle soutient les loix constitu-

tionnelles, qui, au bout d'un tems très court, ramènent les hommes les plus puissans dans une condition privée ; elle appuye en général ce que veulent les loix, parce que c'est une autorité abstraite, dont tout le monde a sa part, et dont personne ne peut tirer de gloire. La vanité est l'ennemie de l'ambition ; elle aime à renverser ce qu'elle ne peut obtenir : la vanité fait naître une sorte de prétentions disséminées dans toutes les classes, dans tous les individus qui arrête la puissance de la gloire, comme les brins de paille repoussent la mer des côtes de la Hollande : enfin, la vanité de tous sème de tels obstacles, de telles peines dans la carrière publique de chacun, qu'au bout d'un certain tems le grand inconvénient des républiques, le besoin qu'elles donnent de jouer un rôle n'existera peut-être plus en France : la haine, l'envie, les soupçons, tout ce qu'enfante la vanité, dégoûtera pour jamais l'ambition des places et des affaires ; on ne s'en approchera plus que par amour pour la patrie, par dévouement à l'humanité ; et ces sentimens généreux et philosophiques rendent les hommes impassibles, comme les loix qu'ils sont chargé d'exécuter. Cette espérance est peut-être une chimère ; mais je crois vrai que la vanité se soumet aux loix, comme un moyen d'éviter l'éclat personnel des noms propres, et préserve une nation nombreuse et libre, lorsque sa constitution est établie, du danger d'avoir un homme pour usurpateur.

~~~~~

NOTE

Qu'il faut lire avant le Chapitre de l'Amour.

DE tous les chapitres de cet ouvrage, il n'en est point sur lequel je m'attende à autant de critiques que sur celui-ci ; les autres passions ayant un but déterminé, affectent à-peu-près de la même manière tous les caractères qui les éprouvent. Le mot d'amour réveille dans l'esprit de ceux qui l'entendent, autant d'idées diverses que les impressions dont ils sont susceptibles. Un très grand nombre d'hommes n'ont connu ni l'amour de la gloire, ni l'ambition, ni l'esprit de parti, etc. Tout le monde croit avoir eu de l'amour, et presque tout le monde se trompe en le croyant ; les autres passions sont beaucoup plus naturelles, et par conséquent moins rares que celle-là ; car elle est celle où il entre le moins d'égoïsme. Ce

chapitre, me dira-t-on, est d'une couleur
trop sombre, la pensée de la mort y est presqu'inséparable du tableau de l'amour, et
l'amour embellit la vie, et l'amour est le
charme de la nature. Non, il n'y a point
d'amour dans les ouvrages gais, il n'y a point
d'amour dans les pastorales gracieuses.—Sans
doute, et les femmes doivent en convenir, il
est assez doux de plaire et d'exercer ainsi
sur tout ce qui vous entoure une puissance
due à soi seule, une puissance qui n'obtient
que des hommages volontaires, une puissance
qui ne se fait obéir que parce qu'on l'aime,
et disposant des autres contre leur intérêt
même, n'obtient rien que de l'abandon, et
ne peut se défier du calcul : mais qu'a de
commun le jeu piquant de la coquetterie et
le sentiment de l'amour ? Il se peut aussi
que les hommes soient très intéressés, très
amusés sur-tout par l'attrait que leur inspire
la beauté, par l'espoir ou la certitude de la
captiver ; mais qu'a de commun ce genre
d'impression et le sentiment de l'amour ?—
Je n'ai voulu traiter dans cet ouvrage que
des passions ; les affections communes dont il
ne peut naître aucun malheur profond,
n'entraient point dans mon sujet, et l'amour,
quand il est une passion, porte toujours à la

mélancolie : il y a quelque chose de vague
dans ses impressions, qui ne s'accorde point
avec la gaîcté ; il y a une conviction intime
au-dedans de soi, que tout ce qui succède à
l'amour est du néant ; que rien ne peut remplacer ce qu'on éprouve, et cette conviction
fait penser à la mort dans les plus heureux
momens de l'amour. Je n'ai considéré que
le sentiment dans l'amour, parce que lui seul
fait de ce penchant une passion. Ce n'est
pas le premier volume de la nouvelle
Héloïse ; c'est le départ de St. Preux, la
lettre de la Meillerie, la mort de Julie, qui
caractérisent la passion dans ce roman.—Il
est si rare de rencontrer le véritable amour
du cœur, que je hasarderais de dire que les
anciens n'ont pas eu l'idée complette de
cette affection. Phèdre est sous le joug de
la fatalité ; les sensations inspirent Ana-
créon ; Tibulle mêle une sorte d'esprit
madrigallique à ses peintures voluptueuses,
quelques vers de Didon, Ceyx et Alcione
dans Ovide, malgré la mithologie, qui distrait
l'intérêt en l'éloignant des situations naturelles, sont presque les seuls morceaux où
le sentiment ait toute sa force, parce qu'il
est séparé de toute autre influence. Les
Italiens mettent tant de poésie dans l'amour,

que tous leurs sentimens s'offrent à vous
comme des images ; vos yeux s'en souvien-
nent plus que votre cœur. Racine, ce
peintre de l'amour, dans ses tragédies,
sublimes à tant d'autres égards, mêle souvent
aux mouvemens de la passion des expressions recherchées qu'on ne peut reprocher
qu'à son siècle. Ce défaut ne se trouve
point dans la tragédie de Phèdre ; mais les
beautés empruntées des anciens, les beautés
de verve poétique, en excitant le plus vif
enthousiasme, ne produisent pas cet attendrissement profond qui naît de la ressemblance
la plus parfaite avec les sentimens qu'on
peut éprouver. On admire la conception du
rôle de Phèdre ; on se croit dans la situation
d'Aménaïde. La tragédie de Tancrède doit
donc faire verser plus de larmes.—Voltaire,
dans ses tragédies, Rousseau, dans la nouvelle Héloïse, Verther, des scènes de tragédies allemandes ; quelques poëtes anglais,
des morceaux d'Ossian, etc., ont transporté
la profonde sensibilité dans l'amour. On
avait peint la tendresse maternelle, la tendresse filiale, l'amitié avec sensibilité ; Oreste
et Pilade, Niobé, la piété romaine ; toutes
les autres affections du cœur nous sont
transmises avec les véritables sentimens qui

les caractérisent : l'amour seul nous est
représenté, tantôt sous les traits les plus
grossiers, tantôt comme tellement inséparable
ou de la volupté, ou de la frénésie, que c'est
un tableau plutôt qu'un sentiment, une
maladie plutôt qu'une passion de l'ame.
C'est uniquement de cette passion que j'ai
voulu parler ; j'ai rejetté toute autre manière
de considérer l'amour ; j'ai recueilli, pour
composer les chapitres précédens, ce que j'ai
remarqué dans l'histoire ou dans le monde ;
en écrivant celui-ci, je me suis laissée aller
à mes seules impressions ; j'ai rêvé plutôt
qu'observé, que ceux qui se ressemblent
se comprennent.

CHAPITRE IV.

De l'Amour.

Si l'Etre tout-puissant, qui a jeté l'homme sur cette terre, a voulu qu'il conçût l'idée d'une existence céleste, il a permis que dans quelques instans de sa jeunesse, il pût aimer avec passion, il pût vivre dans un autre, il pût completter son être en l'unissant à l'objet qui lui était cher. Pour quelque tems, du moins, les bornes de la destinée de l'homme, l'analyse de la pensée, la méditation de la philosophie, se sont perdues dans le vague d'un sentiment délicieux ; la vie qui pèse était entraînante, et le but, qui toujours paraît au-dessous des efforts, semblait les surpasser tous.   L'on ne cesse point de mesurer ce qui se rapporte à soi ; mais les qualités, les charmes, les jouissances, les intérêts de ce qu'on aime, n'ont de terme que dans notre imagination.   Ah ! qu'il est heureux le jour où l'on expose sa vie pour l'unique ami dont notre ame a fait choix ! Le jour où quelque acte d'un dévouement

absolu lui donne au moins une idée du sentiment qui oppressait le cœur par l'impossibilité de l'exprimer ! Une femme dans ces
tems affreux, dont nous avons vécu contemporains ; une femme condamnée à mort avec
celui qu'elle aimait, laissant bien loin d'elle
le secours du courage, marchait au supplice
avec joie, jouissait d'avoir échappé au
tourment de survivre, était fière de partager
le sort de son amant, et presageant peut-être
le terme où elle pouvait perdre l'amour qu'il
avait pour elle, éprouvait un sentiment féroce
et tendre, qui lui faisait chérir la mort comme
une réunion éternelle. Gloire, ambition, fanatisme, votre enthousiasme a des intervalles,
le sentiment seul enivre chaque instant ; rien
ne lasse de s'aimer : rien ne fatigue dans cette
inépuisable source d'idées et d'émotions
heureuses ; et tant qu'on ne voit, qu'on
n'éprouve rien par un autre, l'univers entier
est lui sous des formes différentes ; le printems, la nature, le ciel, ce sont les lieux qu'il
a parcourus ; les plaisirs du monde, c'est ce
qu'il a dit, ce qui lui a plu ; les amusemens
qu'il a partagés, ses propres succès à soi-
même, c'est la louange qu'il a entendue, et
l'impression que le suffrage de tous a pu
produire sur le jugement d'un seul. Enfin,

une idée unique est ce qui cause à l'homme le plus grand bonheur ou la folie du désespoir. Rien ne fatigue l'existence, comme ces intérêts divers dont la réunion a été considérée comme un bon système de félicité : en fait de malheur, on n'affaiblit pas ce qu'on divise, après la raison qui dégage de toutes les passions ; ce qu'il y a de moins malheureux encore, c'est de s'abandonner entièrement à une seule ; sans doute, ainsi l'on s'expose à recevoir la mort de ses propres affections. Mais le premier but qu'on doit se proposer, en s'occupant du sort des hommes, n'est pas la conservation de leur vie ; le sceau de leur nature immortelle est de n'estimer l'existence physique qu'avec la possession du bonheur moral.

C'est par le secours de la réflexion, c'est en écartant de moi l'enthousiasme de la jeunesse que je considérerai l'amour, ou, pour mieux m'exprimer, le dévouement absolu de son être aux sentimens, au bonheur, à la destinée d'un autre, comme la plus haute idée de félicité qui puisse exalter l'espérance de l'homme. Cette dépendance d'un seul objet affranchit si bien du reste de la terre, que l'être sensible qui a besoin d'échapper à toutes les prétensions de l'amour propre, à

tous les soupçons de la calomnie, à tout
ce qui flétrit enfin dans les relations qu'on
entretient avec les hommes, l'être sensible
trouve dans cette passion quelque chose de
solitaire et de concentré, qui inspire à l'ame
l'élévation de la philosophie et l'abandon du
sentiment.   On échappe au monde par des
intérêts plus vifs que tous ceux qu'il peut
donner ; on jouit du calme de la pensée et du
mouvement du cœur, et dans la plus profonde
solitude, la vie de l'ame est plus active que
sur le trône des Césars.   Enfin, à quelque
époque de l'âge qu'on transportât un sentiment qui vous aurait dominé depuis votre
jeunesse, il n'est pas un moment où d'avoir
vécu pour un autre, ne fût plus doux que
d'avoir existé pour soi, où cette pensée ne
dégageât tout-à-la-fois des remords et des
incertitudes.   Quand on n'a pour but que
son propre avantage, comment peut-on parvenir à se decider sur rien ? Le désir échappe,
pour ainsi dire, à l'examen qu'on en fait ;
l'événement amène souvent un résultat si
contraire à notre attente, que l'on se repent
de tout ce qu'on a essayé, que l'on se lasse de
son propre intérêt comme de toute autre
entreprise.   Mais quand c'est au premier
objet de ses affections que la vie est conse-

crée, tout est positif, tout est déterminé, tout est entraînant ; *il le veut, il en a besoin, il en sera plus heureux ; un instant de sa journée pourra s'embellir au prix de tels efforts.* C'est assez pour diriger le cours entier de la destinée ; plus de vague, plus de découragement ; c'est la seule jouissance de l'ame qui la remplisse en entier, s'aggrandisse avec elle, et se proportionnant à nos facultés, nous assure l'exercice et la jouissance de toutes. Quel est l'esprit supérieur qui ne trouve pas dans un véritable sentiment le développement d'un plus grand nombre de pensées, que dans aucun écrit, dans aucun ouvrage qu'il puisse ou composer ou lire ? Le plus grand triomphe du génie, c'est de deviner la passion. Qu'est-ce donc qu'elle-même ? Les succès de l'amour-propre, le dernier degré des jouissances de la personnalité, la gloire, que vaut-elle auprès d'être aimé ? Qu'on se demande ce que l'on préférerait d'être Aménaïde ou Voltaire? Ah ! tous ces écrivains, ces grands hommes, ces conquérans s'efforcent d'obtenir une seule des émotions que l'amour jette comme par torrent dans la vie. Des années de peines et d'efforts leur valent un jour, une heure de cet enivrement qui dérobe l'exist-

ence ; et le sentiment fait éprouver, pendant
toute sa durée, une suite d'impressions aussi
vives et plus pures que le couronnement de
Voltaire, ou le triomphe d'Alexandre.

C'est hors de soi que sont les seules jouissances indéfinies.   Si l'on veut sentir le prix
de la gloire, il faut voir ce qu'on aime honoré
par son éclat ; si l'on veut apprendre ce que
vaut la fortune, il faut lui avoir donné la
sienne ; enfin, si l'on veut bénir le don inconnu de la vie, il faut qu'il ait besoin
de votre existence, et que vous puissiez considérer en vous le soutien de son bonheur.

Dans quelque situation qu'une profonde
passion nous place, jamais je ne croirai qu'elle
éloigne de la véritable route de la vertu ; tout
est sacrifice, tout est oubli de soi dans le
dévouement exalté de l'amour, et la personnalité seule avilit ; tout est bonté, tout est
pitié dans l'être qui sait aimer, et l'inhu-
manité seule bannit toute moralité du cœur
de l'homme.   Mais s'il est dans l'univers
deux êtres qu'un sentiment parfait réunit, et
que le mariage a lié l'un à l'autre, que tous
les jours à genoux ils bénissent l'Etre Suprême ; qu'ils voient à leurs pieds l'univers
et ses grandeurs, qu'ils s'étonnent, qu'ils
s'inquiètent même d'un bonheur qu'il a fallu

tant de chances diverses pour assurer, d'un bonheur qui les place à une si grande distance du reste des hommes ; oui, qu'ils s'effrayent d'un tel sort. Peut-être, pour qu'il ne fût pas trop supérieur au nôtre, ont-ils déjà reçu tout le bonheur que nous espérons dans l'autre vie ; peut-être que pour eux il n'est pas d'immortalité.

J'ai vu, pendant mon séjour en Angleterre, un homme du plus rare mérite, uni depuis vingt-cinq ans à une femme digne de lui : un jour, en nous promenant ensemble, nous rencontrâmes, ce qu'on appelle en anglais, des *Gipsies*, des Bohemiens, errants souvent au milieu des bois, dans la situation la plus déplorable ; je les plaignais de réunir ainsi tous les maux physiques de la nature. *Eh bien*, me dit alors M. L., *si pour passer ma vie avec elle, il avait fallu me résigner à cet état, j'aurais mendié depuis trente ans, et nous aurions encore été bien heureux !* Ah ! oui, s'écria sa femme, *ainsi même encore nous aurions été les plus heureux des êtres !* Ces mots ne sont jamais sortis de mon cœur. Ah ! qu'il est beau ce sentiment qui, dans l'âge avancé, fait éprouver une passion peut-être plus profonde encore que dans la jeunesse ; une passion qui rassemble dans l'ame tout ce

que le tems enlève aux sensatiohs ; une passion
qui fait de la vie un seul souvenir, et dérobant
à sa fin tout ce qu'a d'horrible l'isolement et
l'abandon, vous assure de recevóir la mort
dans les mêmes bras qui soutinrent votre
jeunesse, et vous entraînèrent aux liens brû-
lants de l'amour.   Quoi ! c'est dans la réalité
des choses humaines qu'il existe un tel bonheur, et toute la terre en est privée, et presque
jamais l'on ne peut rassembler les circonstances que le donnent ! Cette réunion est
possible, et l'obtenir pour soi ne l'est pas :
il est des cœurs qui s'entendent, et le hasard,
et les distances, et la nature, et la société
séparent sans retour ceux qui se seraient aimés
pendant tout le cours de leur vie, et les
mêmes puissances attachent l'existence à qui
n'est pas digne de vous, ou nevous entend
pas, ou cessé de vous entendre.

Malgré le tableau que j'ai tracé, il est
certain que l'amour est de toutes les passions
la plus fatale au bonheur de l'homme. Si
l'on savait mourir, on pourrait encore se
risquer à l'espérance d'une si heureuse
destinée ; mais l'on abandonne son ame à des
sentimens qui décolorent le reste de l'existence ; on éprouve, pendant quelques instans,
un bonheur sans aucun rapport avec l'état

habituel de la vie, et l'on veut survivre à sa perte ; l'instinct de la conservation l'emporte sur le mouvement du désespoir, et l'on existe, sans qu'il puisse s'offrir dans l'avenir une chance de retrouver le passé, une raison même de ne pas cesser de souffrir dans la carrière des passions, dans celle sur-tout d'un sentiment qui, prenant sa source dans tout ce qui est vrai, ne peut être consolé par la réflexion même : il n'y a que les hommes capables de la résolution de se tuer,* qui puissent, avec quelqu'ombre de sagesse, tenter cette grande route de bonheur : mais qui veut vivre et s'expose à rétrograder ; mais qui veut vivre et renonce, d'une manière quelconque, à l'empire de soi-même, se voue comme un insensé au plus cruel des malheurs.

---

* Je crains qu'on ne m'accuse d'avoir parlé trop souvent, dans le cours de cet ouvrage, du suicide comme d'un acte digne de louanges ; je ne l'ai point examiné sous le rapport toujours respectable des principes religieux ; mais politiquement, je crois que les republiques ne peuvent se passer du sentiment qui portait les anciens à se donner la mort ; et dans les situations particulières, les ames passionnées qui s'abandonnent à leur nature, ont besoin d'envisager cette ressource pour ne pas se dépraver dans le malheur, et plus encore peut-être au milieu des efforts qu'elles tentent pour l'éviter.

K

La plupart des hommes, et même un grand
nombre de femmes, n'ont aucune idée du
sentiment tel que je viens de le peindre, et
Newton a plus de juges que la véritable
passion de l'amour. Une sorte de ridicule
s'est attaché à ce qu'on appelle des sentimens
romanesques, et ces pauvres esprits, qui
mettent tant d'importance à tous les détails
de leur amour-propre, ou de leurs intérêts, se
sont établis comme d'une raison supérieure à
ceux dont le caractère a transporté dans un
autre l'égoïsme, que la société considère assez
dans l'homme qui s'occupe exclusivement de
lui-même. Des têtes fortes regardent les
travaux de la pensée, les services rendus au
genre humain, comme seuls dignes de l'estime
des hommes. Il est quelques génies qui ont
le droit de se croire utiles à leurs semblables ;
mais combien peu d'êtres peuvent se flatter
de quelque chose de plus glorieux que
d'assurer à soi seul la félicité d'un autre :
des moralistes sévères craignent les égaremens
d'une telle passion. Hélas ! de nos jours,
heureuse la nation, heureux les individus qui
dépendraient des hommes susceptibles d'être
entraînés par la sensibilité ! Mais, en effet,
tant de mouvemens passagers ressemblent à
l'amour, tant d'attraits d'un tout autre genre

prennent, ou chez les femmes par vanité, ou chez les hommes dans leur jeunesse, l'apparence de ce sentiment, que ces ressemblances aviliés ont presqu'effacé le souvenir de la vérité même. Enfin, il est des caractères aimants qui, profondément convaincus de tout ce qui s'oppose au bonheur de l'amour, des obstacles que rencontrent et sa perfection, et sur-tout sa durée, effrayés des chagrins de leur propre cœur, des inconséquences de celui d'un autre, repoussent, par une raison courageuse et par une sensibilité craintive, tout ce qui peut entraîner à cette passion : c'est de toutes ces causes que naissent et les erreurs adoptées, même par les philosophes, sur la véritable importance des attachemens du cœur, et les douleurs sans bornes qu'on éprouve en s'y livrant.

Il n'est pas vrai, malheureusement, qu'on ne soit jamais entraîné que par les qualités qui promettent une ressemblance certaine entre les caractères et les sentimens : l'attrait d'une figure séduisante, cette espèce d'avantage qui permet à l'imagination de supposer à tous les traits qui la captivent, l'expression qu'elle souhaite, agit fortement sur un attachement que ne peut se passer d'enthousiasme ; la grace des manières, de l'esprit, de

la parole, la grace enfin, comme plus indé-
finissable que tout autre charme, inspire ce
sentiment qui d'abord ne se rendant pas
compte de lui-même, naît souvent de ce
qu'il ne peut s'expliquer. Une telle origine
ne peut garantir ni le bonheur, ni la durée
d'une liaison ; cependant, dès que l'amour
existe, l'illusion est complète, et rien n'égale
le désespoir que fait éprouver la certitude
d'avoir aimé un objet indigne de soi. Ce
funeste trait de lumière frappe la raison avant
d'avoir détaché le cœur ; poursuivi par l'an-
cienne opinion à laquelle il faut renoncer, on
aime encore en mésestimant ; on se conduit
comme si l'on espérait, en souffrant, comme
s'il n'existait plus d'espérances ; on s'élance
vers l'image qu'on s'était créée ; on s'adresse
à ces mêmes traits qu'on avait regardés jadis
comme l'emblème de la vertu, et l'on est
repoussé par ce qui est bien plus cruel que
la haine, par le défaut de toutes les émotions
sensibles et profondes : on se demande, si
l'on est d'une nature, si l'on est insensé
dans ses mouvemens ; on voudrait croire
à sa propre folie, pour éviter de juger le
cœur de ce qu'on aimait ; le passé même
ne reste plus pour faire vivre de souvenirs :
l'opinion qu'on est forcé de concevoir, se

rejette sur les tems où l'on était déçu ;
on se rappelle ce qui devait éclairer : alors
le malheur s'étend sur toutes les époques
de la vie ; les regrets tiennent du remords,
et la mélancolie, dernier espoir des malheureux, ne peut plus adoucir ces repentirs qui vous agitent, qui vous dévorent, et
vous font craindre la solitude sans vous
rendre capable de distraction.

Si, au contraire, il a existé dans la vie un
heureux moment où l'on était aimé ; si l'être
qu'on avait choisi était sensible, était généreux,
était semblable à ce qu'on croit être, et que le
tems, l'inconstance de l'imagination, qui
détache même le cœur, un autre objet, moins
digne de sa tendresse, vous ait ravi cet amour
dont dépendait toute votre existence, qu'il
est dévorant le malheur qu'une telle destruction de la vie fait éprouver ! Le premier
instant où ces caractères, qui tant de fois
avaient tracé les sermens les plus sacrés de
l'amour, gravent en traits d'errain que vous
avez cessé d'être aimé ; alors, que comparant
ensemble les lettres de la même main, vos
yeux peuvent à peine croire que l'époque,
elle suele, en explique la différence, lorsque
cette voix, dont les accens vous suivaient
dans la solicitude, retentissaient à votre ame
ébranlée, et semblaient rendre présent encore

les plus doux souvenirs ; lorsque cette voix
vous parlé sans émotion, sans être brisée,
sans trahir un mouvement du cœur, ah !
pendant long-tems encore la passion que l'on
ressent, rend impossible de croire qu'on ait
cessé d'intéresser l'objet de sa tendresse :
il semble que l'on éprouve un sentiment qui
doit se communiquer ; il semble qu'on n'est
séparé que par une barrière qui ne vient
point de sa volonté ; qu'en lui parlant, en
le voyant, il ressentira le passé, il retrouvera
ce qu'il a éprouvé ; que des cœurs qui se
sont tout confiés, ne peuvent cesser de
s'entendre, et rien ne peut faire renaître
l'entraînement dont une autre a le secret,
et vous savez qu'il est heureux loin de vous,
qu'il est heureux souvent par l'objet qui
vous rappelle le moins ; les traits de sim-
pathie sont restés en vous seule, leur rapport
est anéanti. Il faut pour jamais renoncer
à voir celui dont la présence renouvellerait
vos souvenirs, et dont les discours les
rendraient plus amers ; il faut errer dans les
lieux où il vous a aimé, dans ces lieux dont
l'immobilité est là, pour attester le changement de tout le reste ; le désespoir est au
fond du cœur, tandis que mille devoirs, que
la fierté même commande de le cacher, on
n'attire la pitié par aucun malheur apparent ;

seule en secret, tout votre être a passé de la vie à la mort. Quelle ressource dans le monde peut-il exister contre une telle douleur? Le courage de se tuer; mais dans cette situation le secours même de cet acte terrible est privé de la sorte de douceur qu'on peut y attacher; l'espoir d'intéresser après soi, cette immoralité si nécessaire aux ames sensibles, est ravie pour jamais à celle qui n'espère plus de regrets. C'est-là mourir en effet, que n'affliger, ni punir, ni rattacher dans son souvenir l'objet qui vous a trahi; et le laisser à celle qu'il préfère est une image de douleur qui se place au-delà du tombeau, comme si cette idée devait vous y suivre.

La jalousie, cette passion terrible dans sa nature, alors même qu'elle n'est pas excitée par l'amour, rend l'ame frénétique, quand toutes les affections du cœur sont réunies aux ressentimens les plus vifs de l'amour-propre. Tout n'est pas amour dans la jalousie comme dans le regret de n'être plus aimé; la jalousie inspire le besoin de la vengeance; le regret ne fait naître que le désir de mourir : la jalousie est une situation plus pénible, parce qu'elle se compose de sensations opposées, parce qu'elle est mécontente d'elle-même; elle se répent, elle se dévore, et la douleur n'est supportable que lorsqu'elle jette dans l'abbatement. Les affections qui forcent à s'agiter dans le malheur, accroissent la peine par chaque mouvement qu'on fait pour l'éviter. Les affections qui mêlent ensemble l'orgueil et la tendresse, sont les plus cruelles de toutes ; ce que vous éprouvez sensible, affaiblit le ressort que vous trouveriez dans l'orgueil, et l'amertume qu'il inspire empoisonne la douceur que portent avec elles les peines du cœur, alors même qu'elles tuent.

A côté des malheurs, causés par le sentiment, c'est peu que les circonstances extérieures qui peuvent troubler l'union des cœurs ; quand on n'est séparé que par des obstacles étrangers au sentiment réciproque, on souffre, mais l'on peut et rêver et se plaindre : la douleur n'est point attachée à ce qu'il y est de plus intime dans la pensée, elle peut se prendre au-dehors de soi ; cependant des ames d'une vertu sublime ont trouvé dans elles-mêmes des combats insurmont-ables ; Clémentine peut se rencontrer dans la réalité, et mourir au lieu de triompher. C'est ainsi que dans des degrés différens, l'amour bouleverse le sort des cœurs sensibles qui l'éprouvent.

Il est un dernier malheur dont la pensée n'ose approcher ; c'est la perte sanglante de ce qu'on aime, c'est cette séparation terrible qui menace chaque jour tout ce qui respire, tout ce qui vit sous l'empire de la mort. Ah ! cette douleur, sans bornes, est la moins redoutable de toutes : comment survivre à l'objet dont on était aimé, à l'objet qu'on avait choisi pour l'appui de sa vie, à celui qui faisait éprouver l'amour tel qu'il anime un caractère tout entier créé pour le ressentir ? Quoi ! l'on croirait possible d'exister dans un monde qu'il n'habitera plus, de supporter des jours qui ne le ramèneront jamais, de vivre de souvenirs dévorés par l'éternité, de croire entendre cette voix dont les derniers accens vous furent addressés, rappeler vers elle, en vain, l'être qui fut la moitié de sa vie, et lui reprocher les battemens d'un cœur qu'une main chérie n'échauffera plus ?

Ce que j'ai dit s'applique presqu'également aux deux sexes ; il me reste à considérer ce qui nous regarde particulièrement. Oh ! femmes, vous, les victimes du temple où l'on vous dit adorées, écoutez-moi.

La nature et la société ont désherité la moitié de l'espèce humaine ; force, courage,

génie, indépendance, tout appartient aux
hommes; et s'ils environnent d'hommages
les années de notre jeunesse, c'est pour se
donner l'amusement de renverser un trône;
c'est comme on permet aux enfans de commander, certains qu'ils ne peuvent forcer
d'obéir. Il est vrai, l'amour qu'elles inspirent
donne aux femmes un moment de pouvoir
absolu; mais c'est dans l'ensemble de la vie,
dans le cours même d'un sentiment, que leur
destinée déplorable reprend son inévitable
empire.

L'amour est la seule passion des femmes;
l'ambition, l'amour de la gloire même leur
vont si mal, qu'avec raison un très petit
nombre s'en occupent. Je l'ai dit en parlant
de la vanité; pour une qui s'elève, mille
s'abaissent au-dessous de leur sexe, en en
quittant la carrière; à peine la moitié de la
vie peut-elle être intéressée par l'amour, il
reste encore trente ans à parcourir quand
l'existence est déjà finie. L'amour est
l'histoire de la vie des femmes, c'est une
épisode dans celle des hommes; réputation,
honneur, estime, tout dépend de la conduite
qu'à cet égard les femmes ont tenue, tandis
que les loix de la moralité même, selon
l'opinion d'un monde injuste, semblent

suspendues dans les rapports des hommes avec les femmes ; ils peuvent passer pour bons, et leur avoir causé la plus affreuse douleur, que la puissance humaine puisse produire dans une autre ame ; ils peuvent passer pour vrais, et les avoir trompées : enfin, ils peuvent avoir reçu d'une femme les services, les marques de dévouement qui lieraient ensemble deux amis, deux compagnons d'armes, qui déshonoraient l'un des deux, s'il se montrait capable de les oublier ; ils peuvent les avoir reçus d'une femme, et se dégager de tout, en attribuant tout à l'amour, comme si un sentiment, un don de plus diminuait le prix des autres. Sans doute, il est des hommes dont le caractère est une honorable exception ; mais telle est l'opinion générale sous ce rapport qu'il en est bien peu qui osassent, sans craindre le ridicule, annoncer dans les liaisons du cœur la délicatesse de principes qu'une femme se croirait obligée d'affecter, si elle ne l'éprouvait pas.

On dira, que peu importe au sentiment l'idée du devoir, qu'il n'en a pas besoin tant qu'il existe, et qu'il n'existe plus dès qu'il en a besoin. Il n'est pas vrai du tout, que dans la moralité du cœur

humain, un lien ne confirme pas un penchant; il n'est pas vrai, qu'il n'existe pas
plusieurs époques dans le cours d'un attachement, où la moralité ne resserre pas les
nœuds qu'un écart de l'imagination pouvait
relacher; les liens indissolubles s'opposent
au libre attrait du cœur: mais un complet
degré d'indépendance rend presque impossible
une tendresse durable; il faut des souvenirs
pour ébranler le cœur, et il n'y a point de
souvenirs profonds, si l'on ne croit pas aux
droits du passé sur l'avenir, si quelque idée
de reconnaissance n'est pas la base immuable
du goût qui se renouvelle : il y a des intervalles dans tout ce qui appartient à l'imagination; et si la moralité ne les remplit pas,
dans l'un de ces intervalles passagers, on se
séparera pour toujours. Enfin, les femmes
sont liées par les relations du cœur, et les
hommes ne le sont pas: cette idée même est
encore un obstacle à la durée de l'attachement des hommes; car là où le cœur ne
s'est point fait de devoir, il faut que l'imagination soit excitée par l'inquiétude, et les
hommes sont sûrs des femmes, par des raisons
même étrangers à l'opinion qu'ils ont de leur
plus grande sensibilité; ils en sont sûrs,
parce pu'ils les estiment; ils en sont sûrs,

parce que le besoin qu'elles ont de l'appui de
l'homme qu'elles aiment, se compose de motifs indépendans de l'attrait même. Cette
certitude, cette confiance, si douce à la
faiblesse, est souvent importune à la force ; la
faiblesse se repose, la force s'enchaîne ; et
dans la réunion des contrastes dont l'homme
veut former son bonheur, plus la nature l'a
fait pour régner, plus il aime à trouver
d'obstacles : les femmes au contraire, se
défiant d'un empire sans fondement réel,
cherchent un maître, et se plaisent à s'abandonner à sa protection ; c'est donc presque
une conséquence de cet ordre fatal que les
femmes détachent en se livrant, et perdent
par l'excès même de leur dévouement.

Si la beauté leur assure des succès, la
beauté n'ayant jamais une supériorité certaine, le charme de nouveaux traits peut
briser les liens les plus doux du cœur ; les
avantages d'un caractère élevé, d'un esprit
remarquable, attirent par leur éclat, mais
détachent à la longue tout ce qui leur serait
inférieur. Et comme les femmes ont besoin
d'admirer ce qu'elles aiment, les hommes se
plaisent à exercer sur leur maîtresse l'ascendant des lumières, et souvent ils hésitent

entre l'ennui de la médiocrité, et l'importu-
nité de la distinction.

L'amour-propre, que la société, que l'opinion publique a réuni fortement à l'amour,
se fait à peine sentir dans la situation des
hommes vis-à-vis des femmes : celle qui leur
serait infidelle, s'avilit en les offensant, et
leur cœur est guéri par le mépris : la fierté
vient encore aggraver dans une femme les
malheurs de l'amour ; c'est le sentiment qui
fait la blessure, mais l'amour-propre y jette
des poisons. Le don de soi, ce sacrifice si
grand aux yeux d'une femme, doit se
changer en remords, en souvenir de honte,
quand elle n'est plus aimée ; et lorsque la
douleur, qui d'abord n'a qu'une idée, appelle
enfin à son secours tous les genres de réflexions, les hommes condamnés à souffrir l'inconstance, sont consolés par chaque pensée
qui les attire vers un nouvel avenir ; les
femmes sont replongées dans le désespoir,
par toutes les combinaisons qui multiplient
l'étendue d'un tel malheur.

Il peut exister des femmes dont le cœur
ait perdu sa délicatesse : elles sont aussi
étrangères à l'amour qu'à la vertu ; mais il
est encore pour celles qui méritent seules

d'être comptées parmi leur sexe, il est encore
une inégalité profonde dans leurs rapports
avec les hommes, les affections de leur cœur
se renouvellent rarement ; égarées dans la
vie, quand leur guide les a trahi, elles ne
savent ni renoncer à un sentiment qui ne
laisse après lui que l'abyme du néant, ni
renaître à l'amour dont leur ame est épou-
vantée. Une sorte de trouble sans fin, sans
but, sans repos, s'empare de leur existence ;
les unes se dégradent, les autres sont plus
près d'une dévotion exaltée que d'une vertu
calme ; toutes au moins sont marquées du
sceau fatal de la douleur ; et pendant ce
tems, les hommes commandent les armées,
dirigent les Empires, et se rappellent à peine
le nom de celles dont ils ont fait la destinée.
Un seul mouvement d'amitié laisse plus de
traces dans leur cœur que la passion la plus
ardente ; toute leur vie est étrangère à cette
époque, chaque instant y rattache le souvenir des femmes ; l'imagination des hommes
a tout conquis en étant aimé ; le cœur des
femmes est enépuisable en regrets ; les
hommes ont un but dans l'amour, la durée de
ce sentiment est le seul bonheur des femmes.
Les hommes enfin sont aimés parce qu'ils
aiment ; les femmes doivent craindre à

chaque mouvement qu'elles éprouvent, et
l'amour qui les entraîne, et l'amour qui va
détruire le, prestige qui enchaînait sur leurs
pas.

Etres malheureux ! êtres sensibles ! vous
vous exposez, avec des cœurs sans défense,
à ces combats où les hommes se présentent
entourés d'un triple airain ; restez dans la
carrière de la vertu, restez sous sa noble
garde ; là il est des loix pour vous, là votre
destinée a des appuis indestructibles ; mais
si vous vous abandonnez au besoin d'être
aimée, les hommes sont maîtres de l'opinion ;
les hommes ont de l'empire sur eux-mêmes ;
les hommes renverseront votre existence
pour quelques instans de la leur.

. Ce n'est pas en renonçant au sort que la
société leur a fixé, que les femmes peuvent
échapper au malheur ; c'est la nature qui a
marqué leur destinée, plus encore que les
loix des hommes : et, pour cesser d'être leurs
maîtresses, faudrait-il devenir leurs rivaux, et
mériter leur haine, parce qu'il faut sacrifier
leur amour ? Il reste des devoirs, il reste des
enfans, il reste aux mères ce sentiment sublime dont la jouissance est dans ce qu'il
donne, et l'espoir dans ses bienfaits.

Sans doute, celle qui a rencontré un homme

dont l'énergie n'a point effacé la sensibilité ;
un homme qui ne peut supporter la pensée
du malheur d'un autre, et met l'honneur
aussi dans la bonté ; un homme fidèle aux
sermens que l'opinion publique ne garantit
pas, et qui a besoin de la constance pour
jouir du vrai bonheur d'aimer ; celle qui
serait l'unique amie d'un tel homme pourrait
triompher, au sein de la félicité, de tous les
systèmes de la raison. Mais s'il est un exemple qui puisse donner à la vertu même des
instans de mélancolie, quelle femme toutefois,
quand l'époque des passions est passée, ne
s'applaudit pas de s'être détournée de leur
route? Qui pourrait comparer le calme qui
suit le sacrifice, et le regret des espérances
trompées ? A quel prix ne voudrait-on
pas n'avoir jamais aimé, n'avoir jamais
connu ce sentiment dévastateur qui, semblable au vent brûlant d'Afrique, sèche
dans la fleur, abat dans la force, courbe
enfin vers la terre la tige qui devait et croître
et dominer?

CHAPITRE V.

Du Jeu, de l'Avarice, de l'Ivresse, etc.

APRÈS ce sentiment malheureux et sublime qui fait dépendre d'un seul objet le destin de notre vie, je vais parler d'une sorte de passions qui soumet l'homme au joug des sensations égoïstes. Ces passions ne doivent point être rangées dans la classe des ressources qu'on trouve en soi ; car rien n'est plus opposé aux plaisirs qui naissent de l'empire sur soi-même, que l'asservissement à ses désirs personnels. Dans cette situation toutefois, si l'on dépend de la fortune, on n'attend rien de l'opinion, de la volonté, des sentimens des hommes ; et sous ce rapport, comme on a plus de liberté, on devrait obtenir plus de bonheur ; néanmoins ces penchans avilissans ne valent aucune véritable jouissance ; ils livrent à un instinct grossier, et cependant exposent aux mêmes chances que des désirs plus relevés.

L'on peut trouver dans ces passions honteuses la trace des affections morales dégénérées en impulsions physiques. Il y a dans les libertins, dans ceux qui s'enivrent, dans les joueurs, dans les avares, les deux espèces de mouvement qui font les ambitieux en tout genre, le besoin d'émotion et la personnalité : mais dans les passions morales, on ne peut être ému que par les sentimens de l'ame, et ce qu'on a d'égoïsme n'est satisfait que par le rapport des autres avec soi, tandis que le seul avantage de ces passions physiques, c'est l'agitation qui suspend le sentiment et la pensée ; elles donnent une sorte de personnalité matérielle, qui part de soi pour revenir à soi, et fait triompher ce qu'il y a d'animal dans l'homme sur le reste de sa nature.

Examinons cependant, malgré le dégoût qu'un tel sujet inspire, les deux principes de ces passions, le besoin d'émotion et l'égoïsme. Le premier produit l'amour du jeu, et le second l'avarice ; quoiqu'on puisse supposer qu'il faut aimer l'argent pour aimer le jeu, ce n'est point là la source de ce penchant effréné : la cause élémentaire, la jouissance unique, peut-être, de toutes les passions, c'est le besoin et le plaisir de l'émotion. On ne trouve de bon dans la vie que ce qui la fait oublier ; et si l'émo-

tion pouvait être un état durable, bien peu
de philosophes se refuseraient à convenir
qu'elle serait le souverain bien. Il est, et je
tâcherai de le prouver dans la troisième
partie de cet ouvrage, il est des distractions
utiles et constantes pour l'homme qui sait
se dominer ; mais la foule des êtres passionnés, qui veulent échapper à leur ennemi
commun, la sensation douloureuse de la vie,
se précipitent dans une ivresse qui, confondant les objets, fait disparaître la réalité
de tout. Dans un moment d'émotion, il
n'y a plus de jugement, il n'y a que de
l'espérance et de la crainte ; on éprouve
quelque chose du plaisir des rêves, les
limites s'effacent, l'extraordinaire paraît possible, et les bornes ou les chaînes de ce qui
est, et de ce qui sera, s'éloignent ou se
soulèvent à vos yeux. Dans le tumulte et
la succession rapide des sensations qui s'emparent d'une ame violemment émue, le
danger, même sans but, est un plaisir pendant la durée de l'action. Sans doute, c'est
un sentiment très-penible que craindre à
l'avance le péril qui menace ; c'est de la
souffrance dans le calme : mais l'instant de
la décision, mais le jeu, quelque cher qu'il
soit dans le moment où il se hasarde, est une

espèce de jouissance, c'est-à-dire d'étour-
dissement. Cet état devient quelquefois
tellement nécessaire à ceux qui l'ont
éprouvé, qu'on voit des marins traverser de
nouveau les mers, seulement pour ressentir
l'émotion des dangers auxquels ils ont
échappés.

Le grand jeu de la gloire est difficile à
préparer ; un tapis verd, des dez y suppléent.
L'agitation de l'ame est un besoin trompeur
auquel la plupart des hommes se livrent,
sans penser à ce qui succède à cette agitation. Ils hasardent la fortune qui les fait
vivre ; ils se précipitent dans les batailles où
la mort, ou plus encore les souffrances les
menacent, pour retrouver ce mouvement qui
les sépare des souvenirs et de la prévoyance,
donne à l'existence quelque chose d'instantané, fait vivre et cesser de réfléchir.

Quel triste cachet de la destinée humaine !
Quelle irrécusable preuve de malheur, que
ce besoin d'éviter le cours naturel de la vie,
d'enivrer les facultés qui servent à la juger !
Le monde est agité par l'inquiétude de
chaque homme, et ces armées innombrables
qui couvrent la surface de la terre, sont l'invention cruelle des soldats, des officiers, des
rois, pour chercher dans la destinée quelque

chose que la nature n'y a point mis, ou tout
au moins pour obtenir cette interruption
momentanée de la durée successive des
idées habituelles, cette émotion qui soulage
du poids de la vie.

Mais, indépendamment de tout ce qu'il
faut hasarder et perdre pour se mettre dans
une situation qui vous procure de telles
sortes de jouissances, il n'existe rien de plus
pénible que l'instant qui succède à l'émotion ; le vuide qu'elle laisse après elle, est
un plus grand malheur que la privation
même de l'objet dont l'attente vous agitait.
Ce qu'il y a de plus difficile à supporter
pour un joueur, ce n'est pas d'avoir perdu,
mais de cesser de jouer. Les mots qui
servent aux autres passions, sont très-
souvent empruntés de celle-là, parce qu'elle
est une image matérielle de tous les sentimens qui s'appliquent à de plus grandes
circonstances ; ainsi, l'amour du jeu aide à
comprendre l'amour de la gloire, et l'amour
de la gloire à son tour explique l'amour du
jeu.

Tout ce qui établit des analogies, des
ressemblances, est un garant de plus de la
vérité du système. Si l'on parvenait à
rallier la nature morale à la nature physique,

l'univers entier à une seule pensée, on aurait presque dérobé le secret de la divinité.

La plupart des hommes cherchent donc à trouver le bonheur dans l'émotion, c'est à dire, dans une sensation rapide, qui gâte un long avenir : d'autres se livrent par calcul, et surtout par caractère, à la personnalité ; mécontens de leurs relations avec les autres, ils croyent avoir trouvé un secret sûr pour être heureux, en se consacrant à eux-mêmes, et ils ne savent pas que ce n'est pas seulement de la nature du joug, mais de la dépendance en elle-même que naît le malheur de l'homme. L'avarice est de tous les penchans celui qui fait le mieux ressortir la personnalité. Aimer l'argent, pour arriver à tel ou tel but, c'est le regarder comme un moyen, et non comme l'objet ; mais il est une espèce d'hommes qui, considérant en général la fortune comme une manière d'acquérir des jouissances, ne veulent cependant en goûter aucune ; les plaisirs, quels qu'ils soient, vous associent aux autres, tandis que la possibilité de les obtenir est en soi seul, et l'on dissipe quelque chose de son égoïsme, en le satisfaisant au-dehors. L'avenir inquiète tellement les avares, qu'ils aiment à sacrifier le présent

comme pourrait le faire la vertu la plus relevée : la personnalité de tels hommes va si
loin, que l'avare finit par immoler lui à lui-
même ; il s'aime tant demain, qu'il se prive
de tout chaque jour pour embellir le jour
suivant. Et comme tous les sentimens qui
ont le caractère de la passion, dévorent jusqu'à
l'objet même qu'ils chérissent, l'égoïsme
devient destructeur du bien-être qu'il veut
conserver, et l'avarice interdit tous les avantages que l'argent pourrait valoir.

Je ne m'arrêterai point à parler des malheurs
causés par l'avarice ; on ne voit point de gra-
dation ni de nuance dans cette singulière
passion ; tout y paraît également douloureux
et vil. Comment avoir l'idée de cette fureur
de personnalité ? Quel but que soi pour sa
propre vie ! Quel homme peut se choisir
pour l'objet de sa pensée, sans admettre
d'intermédiaire entre sa passion et lui-même !

Il y a tant d'incertitude dans ce qu'on
désire, de dégoût dans ce qu'on éprouve,
qu'on ne peut concevoir comment on aurait
le courage d'agir, si ses actions retournant à
ses sensations, et ses sensations à ses actions,
on savait si positivement le prix de ce qu'on
fait, la récompense de ses efforts. Comment

exister sans être utile, et se donner la peine
de vivre quand personne ne s'affligerait de
nous voir mourir !

Si l'avare, si l'égoïste sont incapable de ces
retours sensibles, il est un malheur particulier
à de tels caractères auquel ils ne peuvent
jamais échapper ; ils craignent la mort,
comme s'ils avaient su jouir de la vie : après
avoir sacrifié leurs jours présens à leurs jours
à venir, ils éprouvent une sorte de rage en
voyant s'approcher le terme de l'existence,
les affections du cœur augmentent le prix de
la vie en diminuant l'amertume de la mort :
tout ce qui est aride fait mal vivre et mal
mourir : enfin, les passions personnelles sont
de l'esclavage autant que celles qui mettent
dans la dépendance des autres ; elles rendent
également impossible l'empire sur soi-même,
et c'est dans le libre et constant exercice de
cette puissance qu'est le repos et ce qu'il y a
de bonheur.

Les passions qui dégradent l'homme, en
resserrant son égoïsme dans ses sensations, ne
produisent pas, sans doute, ces bouleverse-
mens de l'ame où l'homme éprouve toutes les
douleurs que ses facultés lui permettent de
ressentir ; mais il ne reste aux peines, causées
par des penchans méprisables, aucun genre de

consolation ; le dégoût qu'elles inspirent aux
autres, passe jusqu'à celui qui les éprouve ;
il n'y a rien de plus amer dans l'adversité que
de ne pas pouvoir s'intéresser à soi : l'on est
malheureux sans trouver même de l'attendrissement dans son ame ; il y a quelque
chose de desséché dans tout votre être ; un
sentiment d'isolement si profond, qu'aucune
idée ne peut se joindre à l'impression de la
douleur ; il n'y a rien dans le passé, il n'y a
rien dans l'avenir ; il n'y a rien autour de soi ;
on souffre à sa place, mais sans pouvoir
s'aider de sa pensée, sans oser méditer sur les
différentes causes de son infortune, sans se
relever par de grands souvenirs, où la douleur
puisse s'attacher.

CHAPITRE VI.

De l'Envie et de la Vengeance.

Il est des passions qui n'ont pas précisément de but, et cependant remplissent une grande partie de la vie ; elles agissent sur l'existence sans la diriger, et l'on sacrifie le bonheur à leur puissance négative ; car, par leur nature, elles n'offrent pas même l'illusion d'un espoir et d'un avenir, mais seulement elles donnent le besoin de satisfaire l'âpre sentiment qu'elles inspirent ; il semble que de telles passions ne sont composées que du mauvais succès de toutes : de ce nombre, mais avec des nuances différentes, sont l'envie et la vengeance.

L'envie ne promet aucun genre de jouissances, même de celles qui amènent du malheur à leur suite. L'homme qui a cette disposition voit dans le monde beaucoup plus de sujets de jalousie qu'il n'en existe réellement ; et pour se croire à-la-fois heureux et supérieur, il faudrait juger de son sort par l'envie que l'on inspire : c'est un mobile dont l'objet est une souffrance, et qui n'exerce l'imagination, cette faculté inséparable de la passion, que sur une idée pénible. La passion de l'envie n'a point de terme, parce qu'elle n'a point de but ; elle ne se refroidit point, parce que ce n'est d'aucun genre d'enthousiasme, mais de l'amertume seule qu'elle s'alimente, et que chaque jour accroît ses motifs par ses effets ; celui qui commence par haïr, inspire une irritation propre à faire mériter sa haine qui d'abord était injuste. Les poëtes se sont exercés sur tous les emblèmes de malheur qu'il fallait attacher à l'envie. Quel triste sort, en effet, que celui d'une passion qui se dévore elle-même, et poursuivie sans cesse par l'image de ce qui la blesse, ne peut se représenter une circonstance quelconque où elle trouverait du repos ! Il y a tant de maux sur la terre, cependant, qu'il semblerait que tout ce qui arrive dans le monde, doit être une jouissance pour l'envie ; mais elle est si difficile en malheurs, que s'il reste de la considération à côté des revers, un sentiment à travers mille infortunes, une qualité parmi des torts ; si le souvenir de la prospérité relève dans la misère, l'envieux souffre et déteste encore : il démêle, pour haïr, des avantages inconnus à celui qui les

possède ; il faudrait, pour qu'il cessât de
s'agiter, qu'il crût tout ce qui existe inférieur
à sa fortune, à ses talens, à son bonheur
même ; et il a la conscience, au contraire,
que nul tourment ne peut égaler l'impression
aride et desséchante, que sa passion domina-
trice produit sur lui. Enfin, l'envie prend sa
source dans ce terrible sentiment de l'homme
qui lui rend odieux le spectacle du bonheur
qu'il ne possède pas, et lui ferait préférer
l'égalité de l'enfer aux gradations dans le
paradis. La gloire, la vertu, le génie viennent
se briser contre cette force destructive ; elle
met une borne aux efforts, aux élans de la
nature humaine : son influence est souveraine ; car qui blâme, qui déjoue, qui s'oppose,
qui renverse, qui se saisit enfin de la force
destructive, finit toujours par triompher.

Mais le mal que l'envieux sait causer, ne
lui compose pas même un bonheur selon ses
vœux : chaque jour la fortune, ou la nature,
lui donne de nouveaux ennemis ; vainement
il en fait ses victimes ; aucun de ses succès
ne le rassure ; il se sent inférieur à ce qu'il
détruit ; il est jaloux de ce qu'il immole ;
enfin, à ses yeux mêmes, il est toujours
humilié et ce supplice s'augmente par tout ce
qu'il fait pour l'éviter.

Il est une passion dont l'ardeur est terrible;
une passion plus redoutable dans ce tems que
dans tous les autres, c'est la vengeance.   Il
ne peut être question de bonheur positif
obtenu par elle, puisqu'elle ne doit sa naissance qu'à une grande douleur qu'on croit
adoucir en la faisant partager à celui qui l'a
causée; mais il n'est personne qui, dans
diverses circonstances de sa vie, n'ait ressenti
l'impulsion de la vengeance; elle dérive
immédiatement de la justice, quoique ses
effets y soient souvent si contraires : faire aux
autres le mal qu'ils vous ont fait, se présente
d'abord comme une maxime équitable ; mais
ce qu'il y a de naturel dans cette passion, ne
rend ses conséquences ni plus heureuses,
ni moins coupables; c'est à combattre les
mouvemens involontaires qui entraînent vers
un but condamnable, que la raison est particulièrement destinée ; car la réflexion est
autant dans la nature que l'impulsion.

Il est certain d'abord qu'on soutient difficilement l'idée de savoir heureux l'objet qui
vous a plongé dans le désespoir ; ce tableau
vous poursuit comme par un mouvement contraire, l'imagination de la pitié offre le pein-
ture des douleurs qu'elle excite à soulager.
L'opposition de votre peine et de la félicité

de votre ennemi, produit dans le sang un
véritable soulèvement.

Ce qu'on a le plus de peine aussi à supporter dans l'infortune, c'est l'absorbation, la
fixation sur une seule idée ; et tout ce qui
porte la pensée au-dehors de soi, tout ce qui
excite à l'action, trompe le malheur ; il semble
qu'en agissant, on va changer la situation de
son ame et le ressentiment ; ou l'indignation
contre le crime étant d'abord ce qui est le
plus apparent dans sa propre douleur, on
croit, en satisfaisant ce mouvement, échapper
à tout ce qui doit le suivre ; mais en observant
un cœur généreux et sensible, on découvre
qu'on serait plus malheureux encore après
s'être vengé qu'auparavant. L'occupation
où l'on est de son ressentiment, l'effort qu'on
fait sur soi pour le combattre, remplit la
pensée de diverses manières ; après s'être
vengé, l'on reste seul avec sa douleur, sans
autre idée que la souffrance ; vous rendez à
votre ennemi, par votre vengeance, une espèce
d'égalité avec vous ; vous le sortez de dessous
le poids de votre mépris ; vous vous sentez
rapprochés par l'action même de punir ; si
l'effort que vous tenteriez pour vous venger
était inutile, votre ennemi aurait sur vous

l'avantage qu'on prend toujours sur les
volontés impuissantes, quelle qu'en soit la
nature et l'objet : tous les genres d'égarement
sont excusables dans les véritables douleurs ;
mais ce qui démontre cependant combien la
vengeance tient à des mouvemens condamn-
ables, c'est qu'il est beaucoup plus rare de
se venger par sensibilité, que par esprit de
parti ou par amour-propre.

Les ames généreuses, qui se sont abandon-
nées à des mouvemens coupables, ont fait
un tort immense à l'ascendant de la moralité;
elles ont réunis à des torts graves des motifs
élevés, et le sens même des mots s'est trouvé
changé par les pensées accessoires que leur
exemple y a réuni. Le même terme exprime
l'assassinat de César et celui d'Henri IV ; et
les grands hommes qui se sont crus le droit
de faire plier une loi de la moralité devant
leurs intentions sublimes, ont fait plus de mal
par la latitude qu'ils ont donné à l'idée de la
vertu, que les scélérats méprisés dont les
actions ont exaltés l'horreur qu'inspire le
crime. Enfin, par quelque motif qu'on se
croye excité à la vengeance, il faut répéter à
ceux qui voudraient s'y abandonner, non pas
qu'ils n'y trouveraient pas de bonheur, ils ne

le savent que trop ; mais il faut leur répéter
qu'il n'est point de fléau politique plus
redoutable.

Cette passion pourrait perpétuer le malheur
depuis la première offense, jusqu'à fin de la
race humaine ; et dans les tems où les fureurs
des partis ont emporté tous les hommes dans
tous les sens au-delà des bornes de la vertu,
de la raison et d'eux-mêmes, les révolutions
ne cessent que quand chacun n'est plus agité
par le besoin de prévenir ou d'éviter les effets
de la vengeance.

On se persuade que la crainte d'être puni
peut empêcher les hommes violents de se
porter à de certains excès ; ce n'est pas du
tout connaître la nature de l'emportement.
Quand on est criminel de sang froid, comme
on calcule toujours, tels périls, tels obstacles
de plus peuvent arrêter ; mais les hommes
passionés, qui se précipitent dans les révolutions, sont irrités par la crainte même, si l'on
parvient à la leur faire éprouver ; la peur
excite les caractères impétueux au lieu de
les contenir.

Il est une réflexion qui devrait servir de
guide à ceux qui se mêlent des grands débats
des hommes entr'eux, c'est qu'ils doivent
considérer leurs ennemis comme étant de leur

M

nature ; il y a malheureusement de l'homme
jusques dans le scélérat, et l'on ne se sert
jamais cependant de la connaissance de soi,
pour s'aider à deviner un autre. On dit qu'il
faut contraindre, humilier, punir, et l'on sait
néanmoins que de pareils moyens ne pro-
duiraient dans notre ame qu'une exaspération
irréparable ; on voit ses ennemis comme une
chose physique qu'on peut abattre, et soi-
même, comme un être moral que sa propre
volonté seule doit diriger.

S'il est une passion destructive du bonheur
et de l'existence des pays libres, c'est la vengeance ; l'enthousiasme qu'inspire la liberté,
l'ambition qu'elle excite, met les hommes
dans un plus grand mouvement, fait naître
plus d'occasions d'être opposés les uns aux
autres. L'amour de la patrie l'emportait
tellement chez les Romains sur toute autre
passion, que les ennemis servaient ensemble,
et d'un commun accord, les intérêts de la
république. Si la vengeance n'est pas proscrite par l'esprit public dans une nation où
chaque individu existe de toute sa force
personnelle, où le despotisme ne comprimant
point la masse, chaque homme a une valeur
et une puissance particulière, les individus
finiront par haïr tous les individus, et le lien

de parti se rompant à mesure qu'un nouveau mouvement crée de nouvelles divisions, il n'y aura point d'homme qui n'ait, après un certain tems, des motifs pour détester successivement tout ce qu'il a connu dans sa vie.

Certes, le plus bel exemple qui pût exister de renonciation à la vengeance, ce serait, en France, si la haine cessait de renouveller les révolutions ; si le nom Français, par orgueil et par patriotisme, ralliait tous ceux qui ne sont pas assez criminels pour que le pardon même ne fût pas cru de leur propre cœur. Sans doute, ce serait un héroïque oubli ; mais il est tellement nécessaire que, même en jugeant son étonnante difficulté, on a besoin de l'espérer encore. La France ne peut être sauvée que par ce moyen, et les partisans de la liberté, les amateurs des arts, les admirateurs du génie, les amis d'un beau ciel, d'une nature féconde, tout ce qui sait penser, tout ce qui a besoin de sentir, tout ce qui veut vivre enfin de la vie des idées, ou des sensations fortes, implore à grands cris le salut de cette France.

CHAPITRE VII.

De l'Esprit de Parti.

Il faut avoir vécu contemporain d'une révolution religieuse ou politique, pour savoir quelle est la force de cette passion. Elle est la seule dont la puissance ne se démontre pas également dans tous les tems et dans tous les pays. Il faut qu'une sorte de fermentation, causée par des événemens extraordinaires, développe ce sentiment, dont le germe existe toujours chez un grand nombre d'hommes, mais peut mourir avec eux sans qu'ils aient jamais eu l'occasion de le reconnaître.

Des querelles frivoles, telles que des disputes sur la musique, sur la littérature, peuvent donner quelques idées légères de la nature de l'esprit de parti ; mais il n'existe tout entier, mais il n'est l'action dévorante qui consume les générations et les empires, que dans ces grands débats où l'imagination peut puiser sans mesure tous les motifs d'enthousiasme ou de haine.

On doit d'abord distinguer l'esprit de

parti de l'amour-propre, qui fait tenir à
l'opinion qu'on a soutenue; il en diffère
tellement qu'on peut même quelquefois
mettre ces deux penchans en opposition.
Un homme diversement célèbre, M. de Con-
dorcet, avait précisément le caractère de
l'esprit de parti. Ses amis assurent qu'il
aurait écrit contre son opinion ; qu'il l'aurait
et désavouée et combattue ouvertement, sans
confier à personne le secret de ses efforts, s'il
avait cru que ce moyen pouvait servir à faire
triompher la cause de cette opinion même.
L'orgueil, l'émulation, la vengeance, la
crainte, prennent le masque de l'esprit de
parti ; mais cette passion à elle seule est plus
ardente ; elle est du fanatisme et de la foi, à
quelqu'objet qu'elle s'applique.

Eh ! qu'y a-t-il au monde de plus violent
et de plus aveugle que ces deux sentimens ?
Pendant les siècles, déchirés par les querelles
religieuses, on a vu des hommes obscurs,
sans aucune idée de gloire, sans aucun espoir
d'être connus, employer tous les moyens,
braver tous les dangers, pour servir la cause
qu'ils avaient adoptée. Un beaucoup plus
grand nombre d'hommes se mêle aux querelles politiques, parce que, dans les intérêts
de ce genre, toutes les passions se joignent à

l'esprit de parti, et décident à suivre l'un ou
l'autre étendart ; mais le pur fanatisme, dans
tous les tems, et pour quelque but que ce
soit, n'existe que dans un certain nombre
d'hommes qui auraient été catholiques ou
protestants dans le XV.e siécle, et se font
aujourd'hui aristocrates ou jacobins. Ce
sont des esprits crédules, soit qu'ils se pas-
sionnent pour ou contre les vieilles erreurs ;
et leur violence, sans arrêt, leur donne le
besoin de se placer à l'extrême de toutes les
idées, pour y mettre à l'aise leur jugement et
leur caractère.

L'exaltation de ce qu'on appelle la philosophie, est une superstition comme le culte
des préjugés ; les mêmes défauts conduisent
aux deux excès contraires ; et c'est la différence des situations ou le hasard d'un premier
mot, qui, dans la classe commune, fait de
deux hommes de parti, deux ennemis, ou
deux complices.

L'homme éclairé, qui d'abord adopta la
cause des principes, parce que sa pensée
n'avait pu s'astreindre à respecter des préjugés, alors qu'il embrasse une vérité avec
l'esprit de parti, perd la faculté de raisonner,
ainsi que le partisan de l'erreur, et bientôt
emploie des moyens semblables. De même

qu'on a vu prêcher l'athéisme avec l'intolérance de la superstition, l'esprit de parti
commande la liberté avec la fureur du despotisme.

On a dit souvent, dans le cours de la
révolution de France, que les aristocrates et
les jacobins tenaient le même langage, étaient
aussi absolus dans leurs opinions, et, selon
la diversité des situations, adoptaient un
système de conduite également intolerant.
Cette remarque doit être considérée comme
une simple conséquence du même principe.
Les passions rendent les hommes semblables
entr'eux, comme le fièvre jette dans le même
état des tempéramens divers ; et de toutes
les passions, la plus uniforme dans ses effets,
c'est l'esprit de parti.

Elle s'empare de vous comme une espèce
de dictature qui fait taire toutes les autorités
de l'esprit, de la raison et du sentiment :
sous cet asservissement, pendant qu'il dure,
les hommes sont moins malheureux que
par le libre arbitre qui reste encore aux
autres passions ; dans celle-là, la route qu'il
faut suivre est commandée comme le but
qu'on doit atteindre : les hommes dominés
par cette passion sont inébranlables jusques
dans le choix de leurs moyens ; ils ne

voudraient pas les modifier, même pour
arriver plus sûrement à leur objet : les chefs,
comme dans toutes les religions, sont plus
adroits, parce qu'ils sont moins enthousiastes ;
mais les disciples se font un article de foi de
la route autant que du but. Il faut que
les moyens soient de la nature de la cause,
parce que cette cause, paraissant la vérité
même, doit triompher seulement par l'evidence et la force. Je vais rendre cette idée
sensible par des exemples.

Dans l'assemblée constituante, les membres
du côté droit auraient pu faire passer quelques-uns des décrets qui les intéressaient,
s'ils eussent laissé la parole à des hommes
plus modérés qu'eux, et par conséquent
plus agréables au parti populaire ; mais ils
aimaient mieux pedre leur cause, en la
faisant soutenir par l'abbé Maury, que de
la gagner en la laissant défendre par un
orateur qui ne fût pas précisément de leur
opinion sous tous les autres rapports.

Un triomphe acquis par une condescend-
ance, est une défaite pour l'esprit de parti.

Lorsque le constitutionnels luttaient contre
les jacobins, si les aristocrates avaient adopté
le système des premiers, s'ils avaient conseillé
au roi de se livrer à eux, ils auraient

alors renversé l'ennemi commun, sans perdre l'espoir de se défaire un jour de leurs alliés.

Mais, dans l'esprit de parti, l'on aime mieux tomber en entraînant ses ennemis, que triompher avec quelqu'un d'entr'eux.

Lorsqu'en étant assidu aux élections, on pouvait influer sur le choix des hommes dont allait dépendre le sort de la France, les aristocrates aimaient mieux l'exposer au joug des scélérats, que de reconnaître quelques-uns des principes de la révolution en votant dans les assemblées primaires.

L'intégrité du dogme importe davantage encore que les succès de la cause.

Plus l'esprit de parti est de bonne foi, moins il admet de conciliation ou de traité d'aucun genre ; et comme ce ne serait pas croire véritablement à l'existence efficace de sa religion, que de recourir à l'art pour l'établir, dans un parti, l'on se rend suspect en raisonnant, en reconnaissant même la force de ses ennemis, en faisant le moindre sacrifice pour assurer la plus grande victoire.

Quel exemple de cet esprit impliable, dans chaque détail comme dans l'ensemble, le parti populaire aussi n'a-t-il pas donné ? Combien de fois n'a-t-il pas refusé tout ce

qui pouvait ressembler à une modification ?
L'ambition sait se plier à chacune des
circonstances pour profiter de toutes, la
vengeance même peut retarder, ou détourner
sa marche ; mais l'esprit de parti est comme
les forces aveugles de la nature, qui vont
toujours dans la même direction : cette
impulsion une fois donnée la pensée, elle
prend un caractère de roideur qui lui ôte,
pour ainsi dire, ses attributs intellectuels ; on
croit se heurter contre quelque chose de
physique, l'orsqu'on parle à des hommes
qui se précipitent dans la ligne de leur
opinion. Ils n'entendent, ni ne voyent, ni
ne comprennent : avec deux ou trois raisonnemens ils font face à toutes les objections ;
et lorsque ces traits lancés n'ont pas convaincu, ils ne savent plus avoir recours qu'à
la persécution.

L'esprit de parti unit les hommes entr'eux
par l'intérêt d'une haine commune, mais
non par l'estime ou l'attrait du cœur ; il
anéantit les affections qui existent dans
l'ame, pour y substituer des liens formés
seulement par les rapports d'opinion : l'on
sait moins de gré à un homme de ce qu'il fait
pour vous que pour votre cause ; vous avoir
sauvé la vie est un mérite beaucoup moins

grand à vos yeux que de penser comme vous ;
et par un code singulier, l'on n'établit les
relations d'attachement et de reconnaissance
qu'entre les personnes du même avis : la
limite de son opinion est aussi celle de
ses devoirs ; et si l'on reçoit, dans quelques
circonstances, des secours d'un homme qui
suit un parti contraire au sien, il semble que
la confraternité humaine n'existe plus avec
lui, et que le service qu'il vous a rendu est
un hasard qu'on doit totalement séparer de
celui qui l'a fait naître. Les grandes
qualités d'un homme qui n'a pas la même
religion politique que vous, ne peuvent être
comptées par ses adversaires ; les torts, les
crimes mêmes de ceux qui partagent votre
opinion, ne vous détachent pas d'eux ; le
grand caractère de la véritable passion est
d'anéantir tout ce qui n'est pas elle, et
une idée dominante absorbe toutes les
autres.

Il n'est point de passion qui doive plus
entraîner à tous les crimes par cela même,
que celui qui l'éprouve est enivré de meilleur foi, et que le but de cette passion n'étant
pas personnel à l'individu qui s'y livre, il
croit se dévouer en faisant le mal, conserve le
sentiment de la vertu en commettant les plus

grands crimes, et n'éprouve ni les craintes,
ni les remords inséparables des passions
égoïstes, des passions qui sont coupables aux
yeux de celui même s'y abandonne.

L'esprit de parti n'a point de remords.
Son premier caractère est de voir son objet
tellement au-dessus de tout ce qui existe,
qu'il ne peut se repentir d'aucun sacrifice
quand il s'agit d'un tel but. La dépopula-
tion de la France étoit conçue par la féroce
ambition de Robespierre, exécutée par la
bassesse de ses agens ; mais cette affreuse
idée était admise par l'esprit de parti lui
seul, et l'on a dit sans être un assassin, *il y a
deux millions d'hommes de trop en France.*

L'esprit de parti est exempt de craintes,
non pas seulement par l'exaltation de courage qu'il peut inspirer, mais par la sécurité
qu'il fait naître : les jacobins et les aristocrates, depuis le commencement de la Révolution, n'ont pas un instant désespéré du
triomphe de leur opinion, et au milieu des
revers qui ont frappé si constamment les
aristocrates, il y avait quelque chose de béat
dans la certitude avec laquelle ils debitaient
des nouvelles, que la foi la plus superstitieuse aurait à peine adoptées.

Il y a cependant quelques nuances géné-

rales qui, sans application particulières à la
révolution de France, distinguent l'esprit de
parti de ceux qui défendent les anciens
préjugés, d'avec l'esprit de parti de ceux qui
veulent établir de nouveaux principes.
L'esprit de parti des premiers est de meilleure foi ; celui des novateurs est plus
habile ; la haine des premiers est plus profonde ; celle des autres est plus agissante ;
les premiers s'attachent plus aux hommes,
les novateurs davantage aux choses ; les
premiers sont plus implacables, les seconds
plus meurtriers ; les premiers regardent leurs
adversaires comme des impies, les seconds
les considèrent comme des obstacles ; en
sorte que les premiers détestent par sentiment, tandis que les autres détruisent par
calcul, et qu'il y a moins de paix à espérer
des partisans des anciens préjugés, et plus à
redouter de la guerre fait par leurs ennemis.

Malgré ces différences cependant, les
caractères généraux sont toujours pareil.
L'esprit de parti est une sorte de frénésie de
l'ame qui ne tient point à la nature de son
objet. C'est ne plus voir qu'une idée, lui
rapporter tout, et n'appercevoir que ce qui
peut s'y réunir : il y a une sorte de fatigue à

l'action de comparer, de balancer, de modifier, d'excepter, dont l'esprit de parti délivre
entièrement ; les violens exercices du corps,
l'attaque impétueuse qui n'exige aucune
retenue, donne une sensation physique
très vive et très enivrante : il en est de
même au moral de cet emportement de la
pensée qui, délivrée de tous ses liens, voulant seulement aller en avant, s'élance sans
réflexion aux opinions les plus extrêmes.

Jamais il ne peut en coûter à l'esprit de
parti, d'abandonner des avantages individuels
dont on sait la mesure, pour un but tel que
cette passion le fait concevoir, pour un but
qui n'a jamais rien de réel, de jugé, ni de
connu, et que l'imagination revêt de toutes
les illusions dont la pensée est susceptible :
la démocratie ou la royauté sont le paradis
de leurs vrais enthousiaste ; ce qu'elles ont
été, ce qu'elles peuvent devenir, n'a aucun
rapport avec les sensations que leurs partisans éprouvent à leur nom ; à lui seul il
remue toutes les affections ardentes et
crédules dont l'homme est susceptible.

Par cette analyse, on voit que la source
de l'esprit de parti est tout-à-fait étrangère
au sentiment du crime ; mais si cet examen
philosophique inspire un moment d'indul-

gence, combien les effets affreux de cette
passion ne ramènent-ils pas à l'effroi qu'elle
doit inspirer !

Il n'en est point qui puisse à cet excès
borner la pensée et dépraver la moralité.
L'esprit humain ne peut avoir son développement, ne peut faire de véritables progrès,
qu'en arrivant à l'impartialité la plus absolue,
en effaçant au-dedans de soi la trace de
toutes les habitudes, de tous les préjugés, et
se faisant, comme Descartes, une méthode
indépendante de toutes les routes déjà
tracées. Or, quand la pensée est une fois
saisie de l'esprit de parti, ce n'est pas des
objets à soi, mais de soi vers les objets que
partent les impressions ; on ne les attend
pas, on les dévance, et l'œil donne la forme
au lieu de recevoir l'image. Les hommes
d'esprit qui, dans toute autre circonstance,
cherchent à se distinguer, ne se servent
jamais alors que du petit nombre d'idées qui
leur sont communes avec les plus bornés
d'entre ceux de la même opinion : il y a
une sorte de cercle magique tracé autour du
sujet de ralliement que tout le parti parcourt
et que personne ne peut franchir ; soit
qu'on redoute, en multipliant ses raisonnemens, d'offrir un plus grand nombre de

points d'attaque à ses ennemis ; soit que la passion ait également, dans tous les hommes, plus d'identité que d'étendue, plus de force que de variété; placés à l'extrême d'une idée comme des soldats à leur poste, jamais vous ne pourrez les décider à venir à la découverte d'un autre point de vue de la question ; et tenant à quelques principes comme à des chefs, à des opinions, comme à des sermens, on dirait que vous leur proposez une trahison quand vous voulez les engager à examiner, à s'occuper d'une idée nouvelle, à combiner de nouveaux rapports.

Cette manière de ne considérer qu'un seul côté dans tous les objets, et de les présenter toujours dans le même sens, est ce que l'on peut imaginer de plus fatigant, dès qu'on n'est pas susceptible de l'esprit de parti ; et l'homme le plus impartial, témoin d'une révolution, finit par ne plus savoir comment retrouver le vrai, au milieu des tableaux imaginaires où chaque parti croit montrer la vérité avec evidence. Les géomètres rappellent à eux la certitude par des moyens assurés ; mais dans cette sphère d'idées où les sensations, les réflexions, les paroles mêmes, s'aident mutuellement à

former le corps des vraisemblances, quand
les mots les plus nobles ont été déshonorés,
les raisonnemens les plus justes faussement
enchaînés, les sentimens les plus vrais
opposés les uns aux autres, on se croit dans
ce chaos que Milton aurait rendu mille fois
plus horrible, s'il l'avait pu représenter,
dans le monde intellectuel, confondant aux
yeux de l'homme le juste et l'injuste, le
crime et la vertu.

Un siècle, une nation, un homme, sous le
seul rapport des lumières, sont très-long-
tems à se relever du fléau de l'esprit de
parti. Les réputations n'ayant plus de rapport avec le mérite réel, l'émulation se
ralentit en perdant son objet. L'injustice
décourage de la recherche de la vérité ; la
gloire est rarement contemporaine, et la
renommée elle-même est tellement investie
par l'esprit de parti, que l'homme vertueux
et grand peut ne pas obtenir son recours sur
les siècles.

Cette passion étouffe dans les hommes
supérieurs les facultés qu'ils tenaient de la
nature, et cette carrière de vérité, indéfinie
comme l'espace et le tems, dans laquelle
l'homme qui pense jouit d'un avenir sans
bornes, atteint un but toujours renaissant ;

cette carrière se referme à la voix de l'esprit
de parti, et tous les désirs, comme toutes les
craintes, vouent à la servitude de la foi les
têtes formées pour concevoir, découvrir et
juger. Enfin, l'esprit de parti doit être de
toutes les passions celle qui s'oppose le plus
au développement de la pensée, puisque,
comme nous l'avons déjà dit, ce fanatisme ne
laisse pas même le choix des moyens pour
assurer sa victoire, et que son propre intérêt
ne l'éclaire point, quand il est entièrement de
bonne foi.

L'esprit de parti arrive souvent à son but
par sa constance et son intrépidité, mais
jamais par ses lumières : l'esprit de parti qui
calcule n'est déjà plus, c'est alors une
opinion, un plan, un intérêt ; ce n'est plus
la folie, l'aveuglement qui ne pourrait cesser
sur un point sans entrevoir tout le reste.

Mais si cette passion borne la pensée,
quelle influence n'a-t-elle pas sur le cœur !

Je commence par dire qu'il y a une époque
de la Révolution de France (la tyrannie de
Robespierre) dont il me paraît impossible
d'expliquer tous les effets par des idées
générales, ni sur l'esprit de parti, ni sur
toutes les autres passions humaines ; ce
tems est hors de la nature, au-delà du crime ;

et, pour le repos du monde, il faut se persuader que nulle combinaison ne pouvant
conduire à prévoir, à expliquer de semblables
atrocités, ce concours fortuit de toutes les
monstruosités morales, est un hasard inouï
dont des milliers de siècles ne peuvent
ramener la chance.

Mais en-deçà de cet horrible terme, combien en France, combien, dans tous les tems,
l'esprit de parti n'a-t-il pas entraîné d'actions
coupables ? C'est une passion, sans aucune
espèce de contre poids ; tout ce qui se
rencontre dans sa route doit être sacrifié au
but qu'elle se propose. Toutes les autres
passions étant égoïstes, il s'établit dans
plusieurs occasions une sorte de balance entre
les divers intérêts personnels. Un ambitieux
peut quelquefois préférer les plaisirs de
l'amitié, les avantages de l'estime, à telle ou
telle partie du pouvoir ; mais dans l'esprit de
parti il n'y a rien que d'absolu, parce qu'il
n'y a rien de réel, et que la comparaison se
faisant toujours du connu à l'inconnu, de ce
qui a une borne, à ce qui est indéfini, ne
permet jamais d'hésiter entre cette incom-
mensurable espérance, et quelque bien temporel que ce puisse être. Je me sers de
l'expression *temporel*, parce que l'esprit de

parti deîfie la cause qu'il adopte, en espérant
de son triomphe des effets au-dessus de la
nature des choses.

L'esprit de parti est la seule passion qui se
fasse une vertu de la destruction de toutes les
vertus, une gloire de toutes les actions qu'on
chercherait à cacher, si l'intérêt personnel les
faisait commettre ; et jamais l'homme n'a pu
être jeté dans un état aussi redoutable, que
lorsqu'un sentiment qu'il croit honnête, lui
commande des crimes ; s'il est capable d'amitié, il est plus fier de la sacrifier; s'il est sensible, il s'enorgueillit de dompter sa peine :
enfin, la pitié, ce sentiment céleste, qui fait
de la douleur un lien entre les hommes ; la
pitié, cette vertu d'instinct qui conserve
l'espèce humaine, en préservant les individus
de leurs propres fureurs, l'esprit de parti a
trouvé le seul moyen de l'anéantir dans l'ame,
en portant l'intérêt sur les nations entières,
sur les races futures, pour le détacher des
individus ; l'esprit de parti efface les traits de
sympathie pour y substituer des rapports
d'opinion, et présente enfin les malheurs
actuels comme le moyen, comme la garantie
d'un avenir immortel, d'un bonheur politique
au-dessus de tous les sacrifices qu'on peut
exiger pour l'obtenir.

Si l'on s'était convaincu d'un principe simple, c'est que les hommes n'ont pas le droit de faire le mal pour arriver au bien, nous n'aurions pas vus tant de victimes humaines immolées sur l'autel même des vertus. Mais depuis que ces transactions ont existé entre le présent et l'avenir, entre le sacrifice de la génération actuelle et les dons à faire à la génération future, il n'y a point eu de bornes qu'un nouveau degré de passion ne se crût en droit de franchir ; et souvent des hommes, enclins au crime, croyant s'enivrer des exemples de Brutus, de Manlius, de Pison, ont proscrit la vertu, parce que de grands hommes avaient immolé le crime ; ont assassiné ceux qu'ils haïssaient, parce que les Romains savaient sacrifier ce qu'ils avaient de plus cher ; ont massacré de faible ennemis, parce que des ames généreuses avaient attaqué leurs adversaires dans la puissance, et ne prenant du patriotisme que les sentimens féroces qu'il a pu produire dans quelques époques, n'ont eu de grandeur que dans le mal, et ne se sont fiés qu'à l'énergie du crime.

Il sera vrai cependant que l'homme vertueux peut surpasser, en force active et dominante, le coupable le plus audacieux.

Il manque encore un beau spectacle au
monde ; c'est un Sylla dans la route de la
vertu, un homme dont le caractère démontre
que le crime est une ressource de la faiblesse,
et que c'est aux défauts des hommes de bien,
mais non à leur moralité, qu'il faut attribuer
leurs revers.

Après avoir exquissé le tableau de l'esprit
de parti, il entre dans mon sujet de parler du
bonheur que cette passion peut promettre.
Il y a un moment de jouissance dans toutes
les passions tumultueuses, c'est le délire qui
agite l'existence, et donne au moral l'espèce
de plaisir que les enfans éprouvent dans les
jeux qui les enivrent de mouvement et de
fatigue.   L'esprit de parti peut très-bien
suppléer à l'usage des liqueurs fortes ; et si
le petit nombre se dérobe à la vie par l'élévation de la pensée, la foule lui échappe par
tous les genres d'ivresse ; mais quand l'égarement a cessé, l'homme qui se réveille de
l'esprit de parti, est le plus infortuné des
êtres.

D'abord l'esprit de parti ne peut jamais
obtenir ce qu'il désire ; les extrêmes sont
dans la tête des hommes, mais point dans la
nature des choses.   Jamais il n'existe un
esprit de parti, sans qu'il en fasse naître un

autre qui lui soit opposé, et le combat ne
finit que par le triomphe de l'opinion intermédiaire.

Il faut de l'esprit de parti pour lutter
efficacement contre un autre esprit de parti
contraire, et tout ce que la raison trouve
absurde est précisément ce qui doit reussir
contre un ennemi qui prendra aussi des
mesures absurdes : ce qui est au dernier
terme de l'exagération transporte sur le
terrein où il faut combattre, et donne des
armes égales à celles de ses adversaires ; mais
ce n'est point par calcul que l'esprit de parti
prend ainsi des moyens extrêmes, et leur
succès n'est point une preuve des lumières de
ceux qui les emploient. Il faut que les chefs,
comme les soldats, marchent en aveugles
pour arriver ; et celui qui raisonnerait l'extra-
vagance, n'aurait jamais à cet égard l'avantage
d'un véritable fou.

La puissance guerrière est une puissance
toute d'impulsion, et il n'y a que de la guerre
dans l'esprit de parti ; car tous ces principes
constitués pour l'attaque, ces loix servant
d'arme offensive, finissent avec la paix, et la
victoire la plus complette d'un parti détruit
nécessairement toute l'influence de son fana-

tisme ; rien n'est, rien ne peut rester comme
il le veut.

C'est sans doute à l'instinct secret de
l'empire que doit avoir le vrai sur les événemens définitifs, du pouvoir que doit prendre
la raison dans les tems calmes ; c'est à cet
instinct qu'est due l'horreur des combattans
pour les partisans des opinions modérées ; les
deux factions opposées les considèrent
comme leurs plus grands ennemis, comme
ceux qui doivent recueillir les avantages de
la lutte, sans s'être mêlés du combat ; comme
ceux enfin qui ne peuvent acquérir que des
succès durables alors qu'ils commencent à en
obtenir. Les jacobins, les aristocrates craignent moins leurs succès réciproques, parce
qu'ils les croyent passagers, et se connaissent
des défauts semblables, qui donnent toujours
autant d'avantage au vaincu qu'au vainqueur.
Mais quand la fluctuation des idées ramène
les affaires au point juste et possible, la
puissance, la considération de l'esprit de parti
est finie ; le monde se rasseoit sur ses bases,
l'opinion publique honore la raison et la
vertu ; et cette époque inévitable peut se
calculer comme les loix de la nature. Il n'y
a point de guerre éternelle, et point de paix

cependant sous la dictée des passions, point
de repos sans accord, point de calme sans
tolérance ; point de parti donc qui, lorsqu'il
a détruit ses ennemis, puisse satisfaire ses
enthousiastes.

Il est d'ailleurs une autre observation ;
c'est que dans ces sortes de guerres, le parti
vaincu se venge toujours sur les hommes, du
triomphe qu'il cède aux choses. Les principes ressortent avec éclat, des attaques de
leurs antagonistes ; les individus succombent
sous les attaques de leurs adversaires. Tout
homme extrême dans son parti n'est jamais
propre à gouverner les affaires de ce parti,
lorsqu'il cesse d'être en guerre ; et la haine
que les opposans portaient à la cause, prend
la forme du mépris pour ses plus criminels
défenseurs. Ce qu'ils ont fait pour faire
triompher leur parti, a perdu leur réputation
individuelle ; ceux mêmes qui les applaudissaient, lorsqu'ils croyaient être préservés
par eux de quelques dangers, veulent l'honneur de les juger, lorsque le péril est passé.
La vertu est tellement l'idée primitive de
tous les hommes, que les complices sont
aussi sévères que les juges, lorsque la soli-
darité n'existe plus ; et les vaincus et les
vainqueurs sont réconciliés ensemble, quand

les uns renoncent à leur absurde cause, et les autres à leurs coupables chefs.

Les triomphes d'un parti donc ne servent jamais à ceux qui s'y sont montrés les plus violens et les plus injustes.

Mais quand l'esprit de parti, dans toute sa bonne foi, rendrait indifférent aux succès de l'ambition personnelle, jamais cette passion, considérée d'une manière générale, n'est complettement satisfaite par aucun résultat durable; et si jamais elle pouvait l'être, si elle atteignait jamais ce qu'elle appelle son but, il n'est point d'espoir qui fût plus détrompé, qui cessât plus surement au moment de la jouissance; car il n'en est point dont les illusions ayent moins de rapport avec la réalité. Il y a quelque chose de vrai dans les satisfactions que donnent la puissance, la gloire; mais lorsque l'esprit de parti triomphe, par cela même il est détruit.

Eh! quel réveil que cet instant! Le malheur qu'il cause serait encore possible à supporter, s'il venait uniquement de la perte d'une grande espérance; mais par quels moyens racheter les sacrifices qu'elle a coûtés? et que devient un homme honnête, alors qu'il se reconnaît coupable d'actions qu'il condamne en recouvrant sa raison?

Il en coûte de le dire, de peur de modifier
l'horreur que doit inspirer le crime ; il y a,
dans la révolution, des hommes dont la conduite publique est détestable, et qui, dans les
relations privées, s'étaient montrés pleins de
vertus. Je le répète, en examinant tous les
effets du fanatisme, on acquiert la démonstration que c'est le seul sentiment qui puisse
réunir ensemble des actions coupables et une
ame honnête. De ce contraste doit naître le
plus effroyable supplice dont l'imagination
puisse se faire l'idée. Les malheurs qui sont
causés par le caractère ont leur remède en
lui-même ; il y a, jusques dans l'homme
profondément criminel, une sorte d'accord
qui seul peut faire qu'il existe et reste lui-
même. Les sentimens qui l'ont conduit au
crime lui en dérobent l'horreur ; il supporte
le mépris par le même mouvement qui l'a
porté à le mériter. Mais quel supplice que
la situation qui permet à un homme estimable
de se juger, de se voir ayant commis de grands
crimes ! C'est d'une telle supposition que les
anciens ont tiré les plus terribles effets de
leurs tragédies ; ils attribuent à la fatalité les
actions coupables d'une ame vertueuse. Cette
invention poétique qui fait du rôle d'Oreste
le plus déchirant de tous les spectacles, l'esprit

de parti peut la réaliser.   La main de fer du
destin n'est pas plus puissante que cet asservissement à l'empire d'une seule idée, que
le délire que toute pensée unique fait naître
dans la tête de celui qui s'y abandonne; c'est
la fatalité pour ces tems-ci que l'seprit de
parti, et peu d'hommes sont assez forts pour
lui échapper.

Aussi se réveilleront-ils un jour ceux qui
seuls sont sincères, ceux qui seuls méritent
les regrets : accablés de mépris, tandis qu'ils
auraient besoin de considération ; accusés du
sang et des pleurs, tandis qu'ils seront encore
capables de pitié ; isolés dans l'univers sensible, tandis qu'ils pensaient s'unir à toute la
race humaine, ils éprouveront ces douleurs
alors que les motifs qui les ont entraînés
auront perdu toute réalité, même à leurs yeux,
et ne conserveront de la funeste identité qui
ne leur permet pas de se séparer de leur vie
passée, que les remords pour garans, les
remords, seuls liens des deux êtres les plus
contraires ; celui qu'ils se sont montrés sous
le joug de l'esprit de parti, celui qu'ils de-
vaient être par les dons de la nature.

CHAPITRE VIII.

Du Crime.

Il faut le dire, quoiqu'on en trémisse, l'amour du crime en lui-même est une passion. Sans doute ce sont toutes les autre qui conduisent à cet excès ; mais quand elles ont entraîné l'homme à un certain terme de scélératesse, l'effet devient la cause, et le crime, qui n'était d'abord que le moyen, devient le but.

Cet horrible état demande une explication particulière, et peut-être faut-il avoir été témoin d'une révolution, pour comprendre ce que je vais dire sur ce sujet.

Deux liens retiennent les hommes sous l'empire de la moralité, l'opinion publique et l'estime d'eux-mêmes. Il y a beaucoup d'exemples de braver la première, en respectant la seconde. Alors le caractère prend une sorte d'amertume et de misanthropie, qui exclut beaucoup des bonnes actions que l'on fait pour être regardé, sans anéantir toutefois les sentimens honnêtes qui décident de l'ac-

complissement des principaux devoirs ; mais
dès qu'on a rompu tout ce qui mettait de la
conséquence dans sa conduite, dès qu'on ne
peut plus rattacher sa vie à aucun principe,
quelque facile qu'il soit, la réflexion, le
raisonnement étant alors impossible à·sup-
porter, il passe dans le sang une sorte de fièvre
qui donne le besoin du crime.

C'est une sensation physique transportée
dans l'ordre moral ; et même cette frénésie
se manifeste assez ordinairement par des
symptômes extérieurs.   Robespierre et la
plupart de ses complices avaient habituellement des mouvemens convulsifs dans les
mains, dans la tête ; on voyoit en eux l'agitation d'un constant effort.   On commence à
se livrer à un excès par entraînement ; mais,
à son comble, il amène toujours une sorte de
tension involontaire et terrible ; hors des
lignes de la nature, dans quelque sens que ce
soit, ce n'est plus la passion qui commande,
mais la contraction qui soutient.

Certainement l'homme criminel croit toujours, d'une manière générale, marcher vers
un objet quelconque ; mais il y a un tel
égarement dans son ame, qu'il est impossible
d'expliquer toutes ses actions par l'intérêt
du but qu'il veut atteindre. Le crime appelle

le crime ; le crime ne voit de salut que dans
de nouveaux crimes ; il fait éprouver une
rage intérieure qui force à agir, sans autre
motif que le besoin d'action. On ne peut
guères comparer cet état qu'à l'effet du goût
du sang sur les bêtes féroces, alors même
qu'elles n'éprouvent ni la faim, ni la soif.
Si, dans le système du monde, les diverses
natures des êtres, des espèces, des choses,
des sensations, se tiennent par des intermé-
diaires, il est certain que la passion du crime
est le chaînon entre l'homme et les animaux ;
elle est, à quelques égards, aussi involontaire
que leur instinct, mais elle est plus dépravée ;
car c'est la nature qui a crée le tigre, et c'est
l'homme qui s'est fait criminel. L'animal
sanguinaire a sa place marquée dans le monde,
et il faut que le criminel le bouleverse pour y
dominer.

La trace de raisonnement qu'on peut
appercevoir à travers le chaos des sensations
d'un homme coupable, c'est la crainte des dangers auxquels ses crimes l'exposent. Quelle
que soit l'horreur qu'inspire un scélérat, il
surpasse toujours ses ennemis dans l'idée
qu'il se fait de la haine qu'il mérite ; par-delà
les actions atroces qu'il commet à nos yeux,
il sait encore quelque chose de plus que

nous, qui l'épouvante. Il hait, dans les autres, l'opinion que, sans se l'avouer, il a de son propre caractère, et le dernier terme de sa fureur serait de détester en lui-même ce qu'il lui reste de conscience, et de se déchirer, s'il vivait seul.

On s'étonne de l'inconséquence des scélérats ; et c'est précisément ce qui prouve que le crime n'est plus pour eux l'instrument d'un désir, mais une frénésie sans motifs, sans direction fixe, une passion qui se meut sur elle-même. L'ambition, la soif du pouvoir, ou tout autre sentiment excessif, peut faire commettre des forfaits ; mais lorsqu'ils sont arrivés à un certain excès, il n'est aucun but qu'ils ne dépassent. L'action du lendemain est commandée par l'atrocité même de celle de la veille. Une force aveugle pousse les hommes dans cette pente ; une fois qu'ils s'y sont placés, le terme, quel qu'il soit, recule à leurs yeux à mesure qu'ils avancent. L'objet de toutes les autres passions est connu, et le moment de la possession promet du moins le calme de la saciété. Mais dans cette horrible ivresse, l'homme se sent condamné à un mouvement perpétuel ; il ne peut s'arrêter à aucun point limité, puisque la fin de tout est du repos, et que le repos est

impossible pour lui. Il faut qu'il aille en
avant, non qu'au-devant de lui l'espérance
apparaisse, mais parce que l'abyme est derrière, et que, comme pour s'élever au sommet
de la Montagne Noire, décrite dans les contes
persans, les degrés sont tombés à mesure qu'il
les a montés.

Le sentiment dominant de la plupart de
ces hommes est sans doute la crainte d'être
punis de leurs forfaits ; cependant il y a en
eux une certaine fureur qui ne leur permet-
trait pas d'adopter les moyens les plus sûrs,
s'ils étaient en même-tems les plus doux ; ce
n'est que dans les crimes présents qu'ils
cherchent la garantie des crimes passés ; car
toute résolution qui tendrait à la paix, à la
réconciliation, fut-elle réellement utile à leurs
intérêts, ne serait jamais adoptée par eux ; il
y aurait dans de telles mesures une sorte de
relâchement, de calme incompatible avec
l'agitation intérieure, avec l'âpreté convulsive
de tels hommes.

Plus ils étaient nés avec des facultés sensibles, plus l'irritation qu'ils éprouvent est
horrible ; il vaut mieux, en fait de crimes,
avoir à faire à ces êtres corrompus, pour qui la
moralité n'a jamais été rien, qu'à ceux qui ont
eu besoin de se dépraver, de vaincre quelques

qualités naturelles ; ils sont plus offensés du
mépris ; ils sont plus inquiets d'eux mêmes ;
ils s'élancent plus loin pour mieux se séparer
des combinaisons ordinaires, qui leur rappelle-
raient les anciennes traces de ce qu'ils ont
senti et pensé.

Quand une fois les hommes sont arrivés à
cette horrible période, il faut les rejeter hors
des nations, car ils ne peuvent que les déchirer. L'ordre social, qui placerait un tel
criminel sur le trône du monde, ne l'appai-
serait pas envers les hommes ses esclaves ;
rien de restreint dans des bornes fixes, fût-ce
le plus haut point de prospérité, ne peut
convenir à ces êtres furieux qui détestent
les hommes comme des témoins de leur vie.

Le plus énergique d'entre ces monstres
finit par devenir avide de la haine, comme on
l'est de l'estime. La nature morale, dans
les esprits ardents, tend toujours à quelque
chose de complet, et l'on veut étonner par le
crime, quand il n'y a plus de grandeur possible que dans son excès ; l'agrandissement
de soi, ce désir qui, d'une manière quelconque, est toujours le principe de toute action
au-dehors, l'agrandissement de soi se retrouve
dans l'effroi qu'on fait naître. Les hommes
sont là pour craindre, s'ils ne sont pas là

pour aimer; la terreur qu'on inspire, flatte
et rassure, isole et enivre, et, avilissant les
victimes, semble absoudre leur tyran.

Mais je m'apperçois qu'en parlant du
crime, je n'ai pensé qu'à la cruauté; la
révolution de France concentre toutes les
idées dans cette horrible dépravation : et,
après tout, quel crime y a-t-il au monde,
si ce.n'est ce qui est cruel, c'est-à-dire,
ce qui fait souffrir les autres ? Eh ! de quelle
nature est celui qui, pour son ambition, a
pu donner la mort ? De quelle nature est
celui qui sait braver tout ce que cette idée a
de solemnel et de terrible, cette idée dont le
retour immédiat sur soi-même devrait effrayer
tout ce qui veut vivre ? Cet acte irréparable, cet acte qui seul donne à l'homme un
pouvoir sur l'éternité, et lui fait exercer une
faculté qui n'est sans bornes que dans
l'empire du malheur; cet acte, quand on
a pu, dans la réflexion, le concevoir et
l'ordonner, jette l'homme dans un monde
nouveau, le sang est traversé; de ce jour,
il sent que le repentir est impossible, comme
le mal est ineffaçable, il ne se croit plus
de la même espèce que tout ce qui traite du
passé avec l'avenir. Si l'on pouvait encore
avoir quelque prise sur un tel caractère,

ce serait en lui persuadant tout-à-coup qu'il
est absolument pardonné.

Il n'est peut-être point de tyran, même le
plus prospère, qui ne voulût recommencer
avec la vertu, s'il pouvait anéantir le
souvenir de ses crimes : mais, d'abord, il est
presque impossible, quand on le voudrait, de
persuader à un coupable que l'on absout
de ses forfaits ; l'opinion qu'un criminel a de
lui-même est d'une morale plus sévère que
la pitié qu'il pourrait inspirer à un honnête
homme, si, d'ailleurs, il est contre la nature
des choses qu'une nation pardonne, quand
même son intérêt le plus évident devrait
l'y engager.

Il faudrait accueillir la première lueur du
repentir comme un engagement éternel, et
lier par leurs premiers pas ceux qui, peut-
être, les commençaient au hasard ; mais à
peine un individu a-t-il assez de force sur
lui-même pour suivre une telle conduite,
sans se démentir. Par quels moyens peut-
on confier à la foule un plan qui ne peut
réussir que s'il n'a jamais l'air d'en être un ?
Comment faire adopter au grand nombre une
marche combinée qui doit avoir l'apparence
d'un mouvement involontaire, et mouvoir
la multitude à l'aide du secret de chacun ?

Un homme véritablement criminel ne peut donc point être ramené ; il possède encore moins de moyens en lui-même, pour recourir aux leçons de la philosophie et de la vertu ; l'ascendant de l'ordre et du beau moral perd tout son effet sur une imagination dépravée ; au milieu des égaremens, qui n'ont pas atteint cet excès, il reste toujours une portion de soi qui peut servir à rappeler la raison : on a senti dans tous les momens une arrière-pensée, qu'on est sûr de retrouver quand on le voudra: mais le criminel s'est élancé tout entier : s'il a du remord, ce n'est pas de celui qui retient, mais de celui qui excite de plus en plus à des actions violentes: c'est une sorte de crainte qui précipite les pas ; et, d'ailleurs, tous les sentimens, toutes les sources d'émotion, tout ce qui peut enfin produire une révolution dans le fond du cœur de l'homme n'existant plus, il doit suivre éternellement la même route.

Je n'ai pas besoin de parler de l'influence d'une telle frénésie sur le bonheur ; le danger de tomber d'un tel état est le malheur même qui menace l'homme abandonné à ses passions, et ce danger seul suffit pour épouvanter de toute ce qui pourrait y conduire. Il n'y a que des nuances à côté de cette

couleur, et les poëtes anciens ont si bien
senti ce que cette situation avait d'épou-
vantable, que s'aidant, pour la peindre, de
tous les contes allégoriques de la mytho-
logie, ce n'est pas la souffrance seule du
remords, mais la douleur même de la passion
qu'ils ont exprimée dans leurs tableaux des
enfers.

La plus grande partie des idées métaphysiques que je viens d'essayer de développer,
sont indiquées par les fables reçues sur le
destin des grands criminels ; le tonneau
des Danaïdes, Sysiphe, roulant sans cesse
une pierre, et la remontant au haut de la
même montagne, pour la rouler en bas de
nouveau, sont l'image de ce besoin d'agir,
même sans objet, qui force un criminel à
l'action la plus pénible, dès qu'elle le
soustrait à ce qu'il ne peut supporter, le
repos. Tantale approche sans cesse d'un
but qui s'éloigne toujours devant lui, peint
le supplice habituel des hommes qui se sont
livrés au crime ; ils ne peuvent atteindre
à aucun bien, ni cesser de le désirer. Enfin,
les anciens poëtes philosophes ont senti
que ce n'était pas assez de peindre les peines
du repentir, qu'il fallait plus pour l'enfer,
qu'il fallait montrer ce qu'on éprouvait au

plus forte de l'enivrement, ce que faisait
souffrir la passion du crime avant que, par
le remords même, elle eût cessé d'exister.

On se demande pourquoi, dans un état
si pénible, les suicides ne sont pas plus
frequens, car la mort est le seul remède à
l'irréparable ? Mais de ce que les criminels
ne se tuent presque jamais, on ne doit
point en conclure, qu'ils sont moins malheureux que les hommes qui se résolvent au
suicide. Sans parler même du vague effroi
que doit inspirer aux coupables ce qui peut
suivre cette vie, il y a quelque chose de sensible ou de philosophique dans l'action de
se tuer, qui est tout-à-fait étranger à l'être
dépravé.

. Si l'on quitte la vie pour échapper aux
peines du cœur, on désire laisser quelques
regrets après soi ; si l'on est conduit au
suicide par un profond dégoût de l'existence qui sert à juger la destinée humaine, il
faut que des réflexions profondes, de longs
retours sur soi, ayent précédé cette résolution ; et la haine qu'éprouve l'homme criminel contre ses ennemis, le besoin qu'il a de
leur nuire, lui feraient craindre de les laisser
en repos par sa mort ; la fureur dont il est
agité, loin de le dégoûter de la vie, fait qu'il

s'acharne davantage à tout ce qui lui a coûté
si cher. Un certain degré de peine décourage et fatigue ; l'irritation du crime attache
à l'existence par un mélange de crainte et de
fureur ; elle devient une sorte de proie qu'on
conserve pour la déchirer.

D'ailleurs, un caractère particulier aux
grands coupables, c'est de ne point s'avouer
à eux-mêmes le malheur qu'ils éprouvent,
l'orgueil le leur défend ; mais cette illusion,
ou plutôt cette gêne intérieure ne diminue
rien de leurs souffrances, car la pire des
douleurs est celle qui ne peut se reposer sur
elle-même. Le scélérat est inquiet et défiant au fond de sa propre pensée ; il traite
avec lui-même comme avec une sorte d'ennemi ; il garde avec sa réflexion quelques-
uns des ménagemens qu'il observe pour se
montrer au public ; et, dans un tel état, il
n'existe jamais l'espèce de calme méditatif,
d'abandon à la réflexion, qu'il faut pour con-
templer toute la vérité et prendre, d'après
elle, une résolution irrévocable.

Le courage, qui fait braver la mort, n'a
point de rapport avec la disposition qui
décide à se la donner : les grands criminels
peuvent être intrépides dans le danger ;
c'est une suite de l'enivrement, c'est une

émotion, c'est un moyen, c'est un espoir,
c'est une action ; mais ces mêmes hommes,
quoique les plus malheureux des êtres, ne
se tuent presque jamais, soit que la providence n'ait pas voulu leur laisser cette sublime ressource, soit qu'il y ait dans le crime
une ardente personnalité qui, sans donner
aucune jouissance, exclut les sentimens
élevés avec lesquels on renonce à la vie.

Hélas ! il serait si difficile de ne pas
s'intéresser à l'homme plus grand que la
nature, alors qu'il rejette ce qu'il tient d'elle,
alors qu'il se sert de la vie pour détruire la
vie, alors qu'il sait dompter par la puissance
de l'ame le plus fort mouvement de l'homme,
l'instinct de sa conservation : il serait si difficile de ne pas croire à quelques mouvemens
de générosité dans l'homme qui, par repentir,
se donnerait la mort, qu'il est bon que les
véritables scélérats soient incapables d'une
telle action ; ce serait une souffrance pour
une ame honnête, que de ne pas pouvoir
mépriser complettement l'être qui lui inspire
de l'horreur.

SECTION II.

———

CHAPITRE I.

Explication du Titre de la seconde Section.

L'amitie, la tendresse paternelle, filiale et conjugale, la religion, dans quelques caractères, ont beaucoup des inconvéniens des passions, et dans d'autres, ces mêmes affections donnent la plupart des avantages des ressources qu'on trouve en soi; l'exigence, c'est-à-dire le besoin d'un retour quelconque de la part des autres, est le point de ressemblance par lequel l'amitié et les sentimens de la nature se rapprochent des peines de l'amour; et quand la religion est du fanatisme, tout ce que j'ai dit de l'esprit de parti s'applique entièrement à elle.

Mais quand l'amitié et les sentimens de la

nature seraient sans exigeance, quand la religion serait sans fanatisme, on ne pourrait pas
encore ranger de telles affections dans la
classe des ressources qu'on trouve en soi :
car ces sentimens modifiés rendent cependant
encore dépendant du hasard : si vous êtes
séparé de l'ami qui vous est cher, si les
parens, les enfans, l'époux que le sort vous
a donnés, ne sont pas dignes de votre amour,
le bonheur que ces liens peuvent promettre,
n'est plus en votre puissance ; et quant à la
religion, ce qui fait la base de ses jouissances,
l'intensité de la foi est un don absolument
indépendant de nous ; sans cette ferme croyance, on doit encore reconnaître l'utilité des
idées religieuses ; mais il n'est au pouvoir de
qui que ce soit de s'en donner le bonheur.

C'est donc sous ces différens rapports que
j'ai classé le sujet des trois chapitres que
l'on va lire, entre les passions asservissantes,
et les ressources qui dépendent de soi seul.

CHAPITRE II.

De l'Amitié.

JE ne puis m'empêcher de m'arrêter au milieu de cet ouvrage, m'étonnant moi-même de la constance avec laquelle j'analyse les affections du cœur et repousse loin d'elles toute espérance de bonheur durable : est-ce ma vie que je démens ? Père, enfans, amis, amies, est-ce ma tendresse pour vous que je vais désavouer ? Ah ! non ; depuis que j'existe je n'ai cherché, je n'ai voulu de bonheur que dans le sentiment, et c'est par mes blessures que j'ai trop appris à compter ses douleurs. Un jour heureux, un être distingué rattachent à ces illusions, et vingt fois on revient à cette espérance après l'avoir vingt fois perdue : peut-être à l'instant où je parle, je crois, je veux encore être aimée ; je laisse encore ma destinée dépendre toute entière des affections de mon cœur ; mais celui qui n'a pu vaincre sa sensibilité, n'est pas celui qu'il faut moins croire sur les raisons d'y résister ; une sorte de philosophie

dans l'esprit, indépendante de la nature
même du caractère, permet de se juger
comme un étranger, sans que les lumières
influent sur les résolutions, de se regarder
souffrir, sans que sa douleur soit allégée par
le don de l'observer en soi-même, et la
justesse des méditations n'est point altérée
par la faiblesse de cœur, qui ne permet pas
de se dérober à la peine : d'ailleurs, les idées
générales cesseraient d'avoir une application
universelle, si l'on y mêlait l'impression
détaillée des situations particulières. Pour
remonter à la source des affections de l'homme,
il faut aggrandir ses réflexions en les séparant
de ses circonstances personnelles : elles ont
fait naître la pensée ; mais la pensée est plus
forte qu'elles, et le vrai moraliste est celui
qui, ne parlant ni par invention, ni par
réminiscence, peint toujours l'homme, et
jamais lui.

L'amitié n'est point une passion, car elle
ne vous ôte pas l'empire de vous-même ;
elle n'est pas une ressource qu'on trouve en
soi, puisqu'elle soumet au hasard de la
destinée et du caractère des objets de son
choix : enfin, elle inspire le besoin du retour,
et sous ce rapport d'exigeance, elle fait
ressentir beaucoup des peines de l'amour,

sans promettre des plaisirs aussi vifs.
L'homme est placé, par toutes ses affections,
dans cette triste alternative ; s'il a besoin
d'être aimé pour être heureux, tout système
de bonheur certain et durable est fini pour
lui, et s'il sait y renoncer, c'est une grande
partie de ses jouissances sacrifiées pour
assurer celles qui lui resteront ; c'est une
réduction courageuse qui n'enrichit que
dans l'avenir.

Je considérerai d'abord dans l'amitié (non
ces liaisons fondées sur divers genres de con-
venance qu'il faut attribuer à l'ambition et à
la vanité), mais ces attachemens purs et
vrais, nés du simple choix du cœur dont
l'unique cause est le besoin de communiquer
ses sentimens et ses pensées, l'espoir d'intéresser ; la douce assurance que ses plaisirs et
ses peines répondent à un autre cœur. Si
deux amis peuvent réussir à confondre leurs
existences, à transporter l'un dans l'autre ce
qu'il y a d'ardent dans la personnalité ; si
chacun d'eux n'éprouve le bonheur ou la
peine que par la destinée de son ami ; si, se
confiant mutuellement dans leurs sentimens
réciproques, ils goûtent le repos que donne
la certitude et le charme des affections aban-
données, ils sont heureux : mais que de

douleurs peuvent naître de la poursuite de tels biens !

Deux hommes, distingués par leurs talens, et appelés à une carrière illustre, veulent se communiquer leurs desseins, ils souhaitent de s'éclairer ensemble ; s'ils trouvent du charme dans ces conversations, où l'esprit goûte aussi les plaisirs de l'intimité, où la pensée se montre à l'instant même de sa naissance, quel abandon d'amour-propre il faut supposer pour croire qu'en se confiant on ne se mesure jamais, qu'on exclut du tête à tête tout jugement comparatif sur le mérite de son ami et sur le sien, et qu'on s'est connu sans se classer ! Je ne parle pas des rivalités perfides qui pourraient naître d'une concurrence quelconque ; je me suis attachée dans cet ouvrage à considérer les hommes, selon leur caractère, sous le point de vue de plus favorable. Les passions causent tant de malheurs par elle-mêmes, qu'il n'est pas nécessaire, pour en détourner, de peindre leurs effets dans les ames naturellement vicieuses ; nul homme, à l'avance, ne se croyant capable de commettre une mauvaise action, ce genre de danger n'effraye personne, et, lorsqu'on le suppose, on se donne seulement pour adversaire l'orgueil de son lecteur. Imaginons donc qu'une ambition pareille, ou contraire, ne brouillera point deux amis: comme il est impossible de séparer l'amitié des actions qu'elle inspire, les services réciproques sont un des liens qui doivent nécessairement en résulter : et qui peut se répondre que le succès des efforts de son ami n'influera pas sur vos sentimens pour lui! Si l'on n'est pas content de l'activité de son ami, si l'on croit avoir à s'en plaindre, à la perte de l'objet de ses désirs viendra bientôt se joindre le chagrin plus amer de douter du degré d'intérêt que votre ami mettait à vous seconder. Enfin, en mêlant ensemble le sentiment et les affaires, les intérêts du monde et ceux du cœur, on éprouve une sorte de peine qu'on ne veut pas démêler, parce qu'il est plus honorable de l'attribuer au sentiment seul, mais qui se compose aussi d'une autre sorte de regrets, rendus plus douloureux par leur mélange avec les affections de l'ame. Il semble alors qu'il vaudrait mieux séparer entièrement l'amitié de tout ce qui n'est pas elle ; mais son plus grand charme serait perdu, si elle ne s'unissait pas à votre existence entière: ne sachant pas, comme l'amour, vivre d'elle-même, il faut qu'elle partage tout ce qui

compose vos intérêts et vos sentimens, et
c'est à la découverte, à la conservation de cet
autre soi, que tant d'obstacles s'opposent.

Les anciens avaient un idée exaltée de
l'amitié, qu'ils peignaient sous les traits de
Thésée et de Pirithoüs, d'Oreste et de Pilade,
de Castor et de Pollux ; mais, sans s'arrêter
à ce qu'il y a de mythologique dans ces
histoires c'est à des compagnons d'armes que
l'on supposait de tels sentimens, et les
dangers que l'on affronte ensemble, en
apprenant à braver la mort, rendent plus facile
le dévouement de soi-même à un autre.
L'enthousiasme de la guerre excite toutes
les passions de l'ame, remplit les vuides de
la vie, et par la présence continuelle de la
mort, fait taire la plupart des rivalités, pour
leur substituer le besoin de s'appuyer l'un
sur l'autre, de lutter, de triompher, ou de
périr ensemble. Mais tous ces mouvemens
généreux que produit le plus beau des sentimens des hommes, la valeur, sont plutôt les
qualités propres au courage qu'à l'amitié ;
lorsque la guerre est finie, rien n'est moins probable que la réalité, la durée des rapports qu'on
se croyoit avec celui qui partageait nos périls.

Pour juger de l'amitié même, il faut
l'observer dans les hommes qui ne parcourent

P

ni la carrière militaire, ni celle de l'ambition,
et peut-être verra-t-on alors que ce sentiment
est le plus exigeant de tous dans les ames
ardentes : on veut qu'il suffise à la vie, on
s'agite du vuide qu'il laisse, on en accuse le
peu de sensibilité de son ami ; et quand on
éprouverait l'un pour l'autre un sentiment
semblable, on serait fatigué mutuellement de
l'exigeance réciproque. Je sais bien qu'au
tableau de toutes ces inquiétudes, on peut
opposer les êtres froids qui, aimant, comme
ils font toutes les autres actions de leur vie,
consacrent à l'amitié tel jour de la semaine,
règlent à l'avance quel pouvoir sur leur bonheur ils donneront à ce sentiment, et s'ac-
quittent d'un penchant comme d'un devoir ;
mais j'ai déjà dit dans l'introduction de cet
ouvrage, que je ne voulais m'occuper que du
destin des ames passionées ; le bonheur des
autres est assuré par toutes les qualités qui
leur manquent.

Les femmes font habituellement de la confidence le premier besoin de l'amitié, et ce
n'est plus alors qu'une conséquence de l'a-
mour ; il faut que réciproquement une passion
semblable les occupe, et leur conversation
n'est souvent alors que le sacrifice alternatif,
fait par celle qui écoute à l'espérance de parler

à son tour. La confidence même que l'on s'adresse l'une à l'autre de sentimens moins exclusifs, porte avec elle le même caractère, et l'occupation qu'on a de soi, et un tiers importun successivement à toutes deux. Que devient cependant le plaisir de se confier, si l'on apperçoit de l'indifférence, si l'on surprend un effort ? Tout est dit pour les ames sensibles, et la personnalité seule peut continuer des entretiens dont l'œil pénétrant de la delicatesse a vu l'amitié fatiguée.

Les femmes, ayant toutes la même destinée, tendent toutes au même but; et cette espèce de jalousie, qui se compose du sentiment et de l'amour-propre, est la plus difficile à dompter. Il y a, dans la plupart d'entr'elles, un art qui n'est pas de la fausseté, mais un certain arrangement de la vérité, dont elles ont toutes le secret, et dontcependant elles détestent la découverte. Jamais le commun des femmes ne pourra supporter de chercher à plaire à un homme devant une autre femme ; il y a aussi une espèce de fortune commune à tout ce sexe en agrémens, en esprit, en beauté, et chaque femme se persuade qu'elle hérite de la ruine de l'autre. Il faudrait donc ou une absence totale de sentimens vifs qui, en détruisant la rivalité, amortirait aussi toute espèce d'intérêt, ou une vraie supériorité, pour effacer la trace des obstacles généraux qui séparent les femmes entr'elles ; il faut trouver autant d'agrémens qu'on peut s'en croire, et plus de qualités positives pour qu'il y ait du repos dans elle, et du dévouement en soi ; alors le premier bien, sans doute, est l'amitié d'une femme. Quel homme éprouva jamais tout ce que le cœur d'une femme peut souffrir? L'être qui fut, ou serait aussi malheureux que vous, peut seul porter du secours au plus intime, au plus amer de la douleur. Mais quand cet objet unique serait rencontré, la destinée, l'absence ne pourraient-elles pas troubler le bonheur d'un tel lien? Et d'ailleurs, celle qui croirait posséder l'ami le plus parfait et le plus sensible, l'amie la plus distinguée, sachant mieux que personne tout ce qu'il faut pour obtenir du bonheur dans de telles relations, serait d'autant plus éloignée de conseiller comme la destinée de tous, la plus rare des chances morales.

Enfin, deux amis d'un sexe différent, qui n'ont aucun intérêt commun, aucun sentiment absolument pareil, semblent devoir se rapprocher par cette opposition même ; mais si l'amour les captive, je ne sais quel sentiment, mêlé d'amour-propre et d'égoïsme, fait

trouver à un homme ou à une femme liés par
l'amitié, peu de plaisir à s'entendre parler de
la passion qui les occupe ; ces sortes de liens
ou ne se maintiennent pas, ou cessent, alors
qu'on n'aime plus l'objet dont on s'entre-
tenait ; on s'apperçoit tout-à-coup que lui
seul vous réunissait. Si ces deux amis, au
contraire, n'ont point de premier objet, ils
voudront obtenir, l'un de l'autre, cette préférence suprême. Dès qu'un homme et un
femme ne sont point attachés ailleurs par
l'amour, ils cherchent dans leur amitié tout
le dévouement de ce sentiment, et il y a une
sorte d'exigeance naturelle, entre deux personnes d'un sexe différent, qui fait demander
par degrés, et sans s'en appercevoir, ce que la
passion seule peut donner, quelqu'éloigné que
l'un et l'autre soit de la ressentir : on se
soumet d'avance et sans peine à la préférence
que son ami accorde à sa maîtresse ; mais on
ne s'accoutume pas à voir les bornes que la
nature même de son sentiment met aux
preuves de son amitié ; on croit donner plus
qu'on ne reçoit, par cela même qu'on est plus
frappé de l'un que de l'autre, et l'égalité est
aussi difficile à établir sous ce rapport que
sous tous les autres ; cependant elle est le
but où tendent ceux qui se livrent à ce lien.

L'amour se passerait bien plutôt de réciprocité que l'amitié ; là où il existe de l'ivresse,
on peut suppléer à tout par de l'erreur ; mais
l'amitié ne peut se tromper, et lorsqu'elle
compare, elle n'obtient presque jamais le
résultat qu'elle désire : ce qu'on mesure
paraît rarement égal ; il y a quelquefois plus
de parité dans les extrêmes, et les sentimens
sans bornes se croient plus aisément semblables.

Quelles tristes pensées ces analyses ne font-
elles pas naître sur la destinée de l'homme !
Quoi ! plus le caractère est susceptible
d'attachemens passionnés, plus il faut craindre
de faire dépendre son bonheur du besoin
d'être aimé : est-ce une réflexion qui doive
livrer à la froide personnalité ? Ce serait, au
contraire, cette réflexion même qui devrait
conduire à penser qu'il faut éloigner de toutes
les affections de l'ame, jusqu'à l'égoïsme du
sentiment. Contentez-vous d'aimer, vous,
qui êtes nés sensibles ; c'est là l'espoir qui
ne trompe jamais. Sans doute, l'homme qui
s'est vu l'objet de la passion la plus profonde,
qui recevait à chaque instant une nouvelle
preuve de la tendresse qu'il inspirait,
éprouvait des émotions plus enivrantes ; ces
plaisirs, non créés par soi, ressemblent aux

dons du ciel ; ils exaltent la destinée ; mais
ce bonheur d'un jour gâte toute la vie ; le
seul trésor intarissable, c'est son propre cœur.
Celui qui consacre sa vie au bonheur de ses
amis et de sa famille ; celui qui, prévenant
tous les sacrifices, ignore à jamais où se
serait arrêté l'amitié qu'il inspire ; celui qui
n'existant que dans les autres, ne peut plus
mesurer ce qu'ils feraient pour lui ; celui qui
trouve, dans les jouissances qu'il donne, le
prix des sentimens qu'il éprouve ; celui
dont l'ame est si agissante pour la félicité
des objets de sa tendresse, qu'il ne lui reste
aucun de ces momens de vague, où la
rêverie enfante l'inquiétude et le reproche,
celui-là peut, sans crainte, s'exposer à
l'amitié.

Mais un tel dévouement n'a presque
point d'exemple entre des égaux ; il peut
exister, causé par l'enthousiasme ou par un
devoir quelconque : mais il n'est presque
jamais possible dans l'amitié dont la nature
est d'inspirer le funeste besoin d'un parfait
retour ; et c'est parce que le cœur est fait
ainsi, que je me suis réservé de peindre la
bonté comme une ressource plus assurée
que l'amitié, et meilleure pour le repos des
ames passionnément sensibles.

CHAPITRE III.

De la Tendresse filiale, paternelle et conjugale.

Ce qu'il y a de plus sacré dans la morale, ce sont les liens des parens et des enfans : la nature et la société reposent également sur ce devoir, et le dernier degfé de la déprava- tion est de braver l'instinct involontaire qui, dans ces relations, nous inspire tout ce que la vertu peut commander. Il y a donc toujours un bonheur certain attaché à de tels liens, l'accomplissement de ses devoirs. Mais j'ai dit, dans l'introduction de cet ouvrage, qu'en considérant toujours la vertu comme la base de l'existence de l'homme, je n'examinerais les devoirs et les affections que dans leur rapport avec le bonheur ; il s'agit donc de savoir maintenant, quelles jouissances de sentiment les pères et les enfans peuvent attendre les uns des autres.

Le même principe, fécond en consé- quences, s'applique à ces affections comme à tous les attachemens du cœur ; si l'on y

livre son ame assez vivement pour éprouver
le besoin impérieux de la réciprocité, le
repos cesse et le malheur commence. Il y a
dans ces liens une inégalité naturelle qui ne
permet jamais une affection de même genre,
ni au même degré ; l'une des deux est plus
forte, et par cela même trouve des torts à
l'autre, soit que les enfans chérissent leurs
parens plus qu'ils n'en sont aimés, soit que
les parens éprouvent pour leurs enfans plus
de sentimens qu'ils ne leur en inspirent.

Commençons par la première supposition. Les parens ont, pour se faire aimer
de leurs enfans dans leur jeunesse, beaucoup
des avantages et des inconvéniens des rois ;
on attend d'eux beaucoup moins qu'on ne
leur donne ; on est flatté du moindre effort,
on juge tout ce qu'ils fónt pour vous d'une
manière relative, et cette sorte de mesure
comparative est bien plus aisément satisfaite : ce n'est jamais d'après ce qu'on désire,
mais d'après ce qu'on a coutume d'attendre,
qu'on apprécie leur conduite avec vous ; et
il est bien plus facile de causer une agréable
surprise à l'habitude, qu'à l'imagination.
Les parens adoptent donc, presque toujours
par calcul autant que par inclination, cette
sorte de dignité qui se voile ; ils veulent

être jugés par ce qu'ils cachent ; ils veulent
qu'on se rappelle leurs droits à l'instant
même où ils consentent à les oublier ; mais
ce prestige, comme tout, ne peut faire effet
que pendant un tems. Le sentiment, usurpateur, veut chaque jour de nouvelles con-
quêtes : alors même qu'il a tout obtenu, il
s'afflige souvent de ce qui manque à la
nature de l'homme pour aimer : comment
supporterait-il d'être tenu volontairement à
une certaine distance ? Le cœur tend à
l'égalité, et quand la reconnaissance se
change en véritable tendresse, elle perd son
caractère de soumission et de déférence : celui
qui aime ne croit plus rien devoir ; il place
au-dessus des bien faits leur inépuisable
source, le sentiment ; et si l'on veut toujours maintenir les différences, les supério-
rités, le cœur se blesse et se retire ; les
parens cependant ne savent, ou ne veulent
presque jamais adopter ce nouveau système, et la différence d'âge est peut-être
cause qu'ils ne se rapprochent jamais de vous
que par des sacrifices : or il n'y a que l'égo-
isme qui sache s'arranger du bonheur avec
ce mot là.

Quel que soit le dévouement des enfans
sensibles et respectueux, les nouveaux pen-

chaus, les nouveaux devoirs qui les attirent donnent à leurs parens une humeur secrète qu'ils éprouveront toujours, parce qu'ils ne se l'avoueront jamais.   Quand les parens aiment assez profondément leurs enfans pour vivre en eux, pour faire de leur avenir leur unique espérance, pour regarder leur propre vie comme finie, et prendre pour les intérêts de leurs enfans des affections personnelles, ce que je vais dire n'existe point ; mais lorsque les parens restent dans eux-mêmes, les enfans sont à leurs yeux des successeurs, presque des rivaux, des sujets devenus indépendans, des amis dont on ne compte que ce qu'ils ne font pas, des obligés à qui on néglige de plaire, en se fiant sur leur reconnaissance, des associés d'eux à soi, plutôt que de soi à eux ; c'est une sorte d'union dans laquelle les parens, donnant une latitude infinie à l'idée de leurs droits, veulent que vous leur teniez compte de ce vague de puissance, dont ils n'usent pas après se l'être supposé ; enfin, la plupart ont le tort habituel de se fonder toujours sur le seul obstacle qui puisse exister à l'excès de tendresse qu'on aurait pour eux, leur autorité ; et de ne pas sentir, au contraire, que dans cette relation, comme dans toutes celles où il existe d'un

côté une supériorité quelconque, c'est pour
celui à qui l'avantage appartient, que la
dépendance du sentiment est la plus nécessaire et la plus aimable. Une très-grande
simplicité dans le caractère de vos parens, ou
une supériorité si marquée, que leurs enfans
soyent heureux d'entretenir avec eux plutôt
un culte qu'une liaison, peuvent détruire ces
observations ; mais c'est aux situations les
plus communes qu'élles s'appliquent.

Dans la seconde supposition, peut-être la
plus naturelle, le sentiment maternel, accoutumé, par les soins qu'il donne à la première
enfance, à se passer de toute espèce de retour,
fait éprouver des jouissances très vives et
très pures, qui portent souvent tous les
caractères de la passion, sans exposer à d'autres orages que ceux du sort, et non des
mouvemens intérieurs de l'ame ; mais il est
si tristement prouvé que, dès que le besoin
de la réciprocité commence, le bonheur des
sentimens s'altère, que l'enfance est l'époque
de la vie qui inspire à la plupart des parens
l'attachement le plus vif, soit que l'empire
absolu qu'on exerce alors sur les enfans, les
identifie avec vous-mêmes, soit que leur
dépendance inspire une sorte d'intérêt qui
attache plus que les succès mêmes qu'ils ne

doivent qu'à eux, soit que tout ce qu'on
attend des enfans alors, étant en espérance,
on possède à-la-fois ce qu'il y a de plus doux
dans la vérité et l'illusion, le sentiment qu'on
éprouve, et celui qu'on se flatte d'obtenir.
Bientôt les événemens, dans leur réalité, nous
présentent nos enfans élévés par nous, pour
d'autres que pour nous-mêmes, s'élançant
vers la vie, tandis que le tems nous place en
arrière d'elle, pensant à nous par le souvenir,
aux autres par l'espérance : quels parens
sont alors assez sages pour considérer les
passions de la jeunesse comme les jeux de
l'enfance, et pour ne pas vouloir occuper
plus de place parmi les unes que parmi les
autres ?

L'education, sans doute, influe beaucoup
sur l'esprit et le caractère ; mais il est plus
aisé d'inspirer à son élève ses opinions que
ses volontés ; le *moi* de votre enfant se compose de vos leçons, des livres que vous lui
avez donnés, des personnes dont vous l'avez
entouré : mais quoique vous puissiez reconnaître par-tout vos traces, vos ordres n'ont
plus le même empire ; vous avez formé un
homme ; mais ce qu'il a pris de vous est
devenu lui, et sert, autant que ses propres
réflexions, à composer son indépendance :

enfin, les générations successives étant souvent appelées, par la durée de la vie de
l'homme, à exister simultanément, les pères
et les enfans, dans la réciprocité de sentimens
qu'il veulent les uns des autres, oublient
presque toujours de quel différent point de
vue ils considèrent le monde ; la glace, qui
renverse les objets qu'elle présente, les dénature moins que l'âge qui les place dans l'avenir
ou dans le passé.

Il n'est rien qui exige plus de délicatesse
de la part des parens, que la méthode qu'il
faut suivre pour diriger la vie de leurs enfans
sans aliéner leur cœur ; car il n'est pas même
possible de sacrifier leur affection à l'espoir
de leur être utile ; toute influence durable
sur la conduite finissant avec le pouvoir
du sentiment, le point juste n'est presque
jamais atteint dans cette relation. La tendresse des enfans pour leurs parens se
compose, pour ainsi dire, de tous les événemens de leur vie ; il n'est point d'attachement
dans lequel il entre plus de causes étrangères
à l'attrait du cœur : il n'en est donc point
dont la jouissance soit plus incertaine. La
base principale d'un tel lien, l'ascendant du
devoir et de la nature, ne peut être anéanti ;
mais dès qu'on aime ses enfans avec passion,

on a besoin de toute autre chose que de
ce qu'ils vous doivent, et l'on coure, dans
son sentiment pour eux, les mêmes chances
qu'amènent toutes les affections de l'ame :
enfin, ce besoin de réciprocité, cette exigeance, germe destructeur du seul don
céleste fait à l'homme, la faculté d'aimer,
cette exigeance est plus funeste dans
la relation des parens avec les enfans,
parce qu'une idée d'autorité s'y mêle ; elle
est donc par la même raison plus funeste
et plus naturelle ; toute l'égalité qui existe
dans le sentiment de l'amour suffit à peine
pour éloigner de son exigeance l'idée d'un
droit quelconque ; il semble que celui qui
aime le plus, par ce titre seul, porte atteinte
à l'indépendance de l'autre : et combien plus
cet inconvénient n'existe-t-il pas dans les
rapports des parens avec les enfans ? Plus
ils ont de droits, plus ils doivent éviter
de s'en appuyer pour être aimés ; et cependant, dès qu'une affection devient passionnée
elle ne se repose plus en elle-même, il
faut nécessairement qu'elle agisse sur les
autres.

La tendresse conjugale, lorsqu'elle existe,
donne, ou les jouissances de l'amour, ou
celles de l'amitié, et je crois avoir déjà

analysé les unes et les autres : il y a dans ce
lien cependant quelque chose de particulier,
en bien et en mal, qu'il faut examiner. Il
est heureux, dans la route de la vie, d'avoir
inventé des circonstances qui, sans le secours
même du sentiment, confondent deux égoïs-
mes au lieu de les opposer ; il est heureux
d'avoir commencé l'association d'assez bonne
heure pour que les souvenirs de la jeunesse
aidassent à supporter, l'un avec l'autre, la
mort qui commence à la moitié de la vie :
mais indépendamment de ce qu'il est si aisé
de concevoir sur la difficulté de se convenir,
la multiplicité des rapports de tout genre
qui dérivent des intérêts communs, offre
mille occasions de se blesser, qui ne naissent
pas du sentiment, mais finissent par l'altérer.
Personne ne sait, à l'avance, combien peut
être longue l'histoire de chaque journée,
si l'on observe la variété des impressions
qu'elle produit, et dans ce qu'on appelle
avec raison, le *ménage*, il se rencontre à
chaque instant de certaines difficultés qui
peuvent détruire pour jamais ce qu'il y
avait d'exalté dans le sentiment : c'est donc
de tous les liens celui où il est le moins
probable d'obtenir le bonheur romanesque
du cœur ; il faut, pour maintenir la paix

dans cette relation, une sorte d'empire sur soi-même, de force, de sacrifice, qui rapproche beaucoup plus cette existence des plaisirs de la vertu, que des jouissances de·la passion.

Sans cesse la main de fer de la destinée repousse l'homme dans l'incomplet; il semble que le bonheur est possible par la nature même des choses, qu'avec une telle réunion de ce qui est épars dans le monde, on aurait la perfection désirée; mais dans le travail de cet édifice, une pierre renverse l'autre, un avantage exclut celui qui doublait son prix. Le sentiment, dans sa plus grande force, est exigeant par sa nature, et l'exigeance détruit l'affection qu'elle veut obtenir. Souvent l'homme, inconséquent dans ses vœux, s'éloigne, seulement parce qu'il est trop aimé; et se voyant l'objet de tous les dévouemens et de toutes les qualités, confesse que l'excès même de l'attachement suffit pour effacer la trace de ses bienfaits. Quel conseil, quel résultat tirer de ces réflexions? La conclusion que j'ai annoncée, c'est que les ames ardentes éprouvent par l'amitié, par les liens de la nature, plusieurs des peines attachées à la passion, et que par-delà la ligne du devoir et des jouissances qu'on peut

puiser dans ses propres affections, le sentiment, de quelque nature qu'il puisse être,
n'est jamais une ressource qu'on trouve en
soi ; il met toujours le bonheur dans la
dépendance de la destinée, du caractère, et de
l'attachement des autres.

CHAPITRE IV.

De la Religion.

JE ne peindrai point la religion dans les excès du fanatisme. Les siècles et la philosophie ont épuisé ce sujet, et ce que j'ai dit sur l'esprit de parti est applicable à cette frénésie comme à toutes celles causées par l'empire d'un opinion ; ce n'est pas non plus des ces idées religieuses, seul espoir de la fin de l'existence, dont je veux parler. Le théisme des hommes éclairés, des ames sensibles, est de la véritable philosophie ; et c'est en considérant toutes les ressources que l'homme peut tirer de sa raison, qu'il faut compter cette idée, trop grande en elle-même, pour n'être pas d'un poids immense encore, malgré ses incertitudes.

Mais la religion, dans l'acception générale, suppose une inébranlable foi ; et lorsqu'on a reçu du ciel cette profonde conviction, elle suffit à la vie et la remplit toute entière.

C'est sous ce rapport que l'influence de la

religion est véritablement puissante ; et c'est
sous ce même rapport, qu'on doit la considérer comme un don aussi indépendant de soi
que la beauté, le génie, ou tout autre avantage qu'on tient de la nature, et qu'aucun
effort ne peut obtenir.

Comment serait-il au pouvoir de la volonté
de diriger notre disposition à cet égard ?
Aucune action sur soi-même n'est possible
en matière de foi ; la pensée est indivisible ;
l'on ne peut en détacher une partie pour
travailler sur l'autre ; on espère ou l'on
craint ; on doute ou l'on croit, selon la
nature de l'esprit des combinaisons qu'il
fait naître.

Après avoir bien établi que la foi est une
faculté qui ne dépend poit de nous d'acquérir,
examinons, avec impartialité, ce qu'elle peut
pour le bonheur, et présentons d'abord ses
principaux avantages.

L'imagination est la plus indomptable des
puissances morales de l'homme, ses désirs
et ses incertitudes le tourmentent tour-à-tour.
La religion ouvre une longue carrière à
l'espérance, et trace une route précise à la
volonté ; sous ces deux rapports elle soulage
la pensée. Son avenir est le prix du présent ;
tout se rapportant au même but, a la même

degré d'intérèt. La vie se passe au-dedans
de soi ; les circonstances extérieures ne sont
qu'une manière d'exercer un sentiment habituel ; l'événement n'est rien, le parti qu'on a
pris est tout, et ce parti, toujours commandé
par une loi divine, n'a jamais pu coûter un
instant d'incertitude. Dès qu'on est à l'abri
du remords, on ignore ces repentirs du cœur
ou de l'esprit qui s'accusent du hasard même,
et jugent de la résolution par ses effets. Les
succès ou les revers ne donnent à la conscience des dévots ni contentement ni regret :
la morale religieuse ne laissant aucun vague
sur aucune des actions de la vie, leur décision est toujours simple. Quand le vrai
chrétien s'est acquitté de ses devoirs, son
bonheur ne le regarde plus ; il ne s'informe
pas quel sort lui est échu ; il ne sait pas ce
qu'il faut désirer ou craindre ; il n'est certain que de ses devoirs : les meilleures
qualités de l'ame, la générosité, la sensibilité,
loin de faire cesser tous les combats intérieurs, peuvent, dans la lutte des passions,
opposer l'une à l'autre, des affections d'une
égale force ; mais la religion donne pour
guide un code, où, dans toutes les circonstances, ce qu'on doit faire est résolu par une
loi. Tout est fixe dans le présent, tout est

indéfini dans l'avenir ; enfin, l'ame éprouve
une sorte de bien-être jamais plus vif, mais
toujours calme ; elle est environnée d'un at-
mosphère qui l'éclaire au moins dans les
ténèbres s'il n'est pas aussi éclatant que le
jour ; et cet état la dérobant au malheur,
sauve, après tout, plus des deux tiers de la
vie.

S'il en est ainsi pour les destinées communes, si la religion compense les jouissances
qu'elle ôte, elle est d'une utilité souveraine
dans les situations désespérées. Lorsqu'un
homme, après avoir commis de grands crimes,
en éprouve un vrai remords, cette situation
de l'ame est si violente, qu'on ne peut la
supporter qu'à l'aide d'idées surnaturelles.
Sans doute, le plus efficace des repentirs,
serait des actions vertueuses ; mais à la fin
de la vie, mais même dans la jeunesse, quel
coupable peut espérer de faire autant de bien
qu'il a causé de mal ? Quelle somme de
bonheur équivaut à l'intensité de la peine ?
Qui est assez puissant pour expier du sang
ou des pleurs ? Une dévotion ardente suffit
à l'imagination exaltée des criminels repen-
tans ; et dans ces solitudes profondes où les
chartreux et les trapistes adoptaient une vie
si contraire à la raison, ces coupables con-

vertis trouvaient la seule existence qui con-
vînt à l'agitation de leur ame ; peut-être
même des hommes dont la nature véhémente
les eût appelés dans le monde à commettre de
grands crimes, livrés, dès leur enfance, au
fanatisme religieux, ont enseveli dans les
cloîtres l'imagination qui bouleverse les
empires. Ces réflexions ne suffisent pas
pour encourager de semblables institutions;
mais on voit que, sous toutes les formes,
l'ennemi de l'homme, c'est la passion, et
qu'elle seule fait la grande difficulté de la
destinée humaine.

Dans la classe de la société qui est livrée
aux travaux matériels, l'imagination est
encore la faculté dont il faut le plus craindre
les effets. Je ne sais si l'on a détruit la foi
religieuse du peuple en France ; mais on
aura bien de la peine à remplacer pour lui
toutes les jouissances réelles dont cette idée
lui tenait lieu ; la révolution y a suppléé
pendant quelque tems. Un de ses grands
attraits pour le peuple a été d'abord l'intérêt,
l'agitation même qu'elle répandait sur sa vie.
La rapide succession des événemens, les
émotions qu'elle faisait naître, causaient une
sorte d'ivresse produite par le mouvement
qui hâtait le tems, et ne laissait plus sentir

le vuide, ni l'inquiétude de l'existence. On
s'est trop accoutumé à penser que les hommes du peuple bornaient leur ambition à la
possession des biens physiques ; on les a vus
passionnément attachés à la révolution, parce
qu'elle leur donnait le plaisir de connaître
les affaires, d'influer sur elles, de s'occuper
de leurs succès ; toutes ces passions des
hommes oisifs ont été découvertes par ceux
qui n'avaient connu que le besoin du travail
et le prix de son salaire : mais lorsque l'établissement d'un gouvernement quelconque
fait rentrer nécessairement les trois quarts de
la société dans les occupations qui chaque
jour assurent la subsistance du lendemain,
lorsque le bouleversement d'une révolution
n'offrira plus à chaque homme la chance
d'obtenir tous les biens que l'opinion et
l'industrie ont entassés depuis des siècles
dans un Empire de vingt-cinq millions
d'hommes, quel trésor pourra-t on ouvrir à
l'espérance qui se proportionne, comme la
foi religieuse, aux désirs de tous ceux qui
veulent y puiser ? Quelle idée magique qui
tout-à-la-fois contienne, resserre les actions
dans le cercle le plus circonscrit, et satisfasse
la passion dans son besoin indéfini d'espoir,
d'avenir et de but ?

Si ce siècle est l'époque où les raisonnemens ont le plus ébranlé la possibilité d'une
croyance implicite, c'est dans ce tems aussi
que les plus grands exemples de la puissance
de la religion ont existé ; on a sans cesse
présent à sa pensée, ces victimes innocentes
qui, sous un régime de sang, périssaient,
entraînant après elles ce qu'elles avaient de
plus cher ; jeunesse, beauté, vertus, talens,
une puissance plus arbitraire que le destin,
et non moins irrévocable, précipitait tout
dans le tombeau. Les anciens ont bravé la
mort par le dégoût de l'existence ; mais nous
avons vu des femmes nées timides, des jeunes
gens à peine sortis de l'enfance, des époux,
qui s'aimant, avaient dans cette vie ce qui
peut seul la faire regretter, s'avancer vers
l'éternité, sans croire être séparés par elle, ne
pas reculer devant cet abyme où l'imagination
frémit de tout ce qu'elle invente, et moins
lassé que nous des tourmens de la vie, supporter mieux l'approche de la mort.

Enfin, un homme avait vu toutes les pros-
pérités de la terre se réunir sur sa tête ; la
destinée humaine semblait s'être aggrandie
pour lui, et avoir emprunté quelque chose
des rêves de l'imagination : roi de vingt-cinq
millions d'hommes, tous leurs moyens de

bonheur étaient réunis dans ses mains pour
valoir à lui seul la jouissance de les dispenser
de nouveau : né dans cette éclatante situation,
son ame s'était formée pour la félicité, et le
hasard qui, depuis tant de siècles, avait pris
en faveur de sa race un caractère d'immuta-
bilité, n'offrait à sa pensée aucune chance de
revers, n'avait pas même exercé sa réflexion
sur la possibilité de la douleur ; étranger au
sentiment du remords, puisque dans sa conscience il se croyait vertueux, il n'avait
éprouvé que des impressions paisibles.   Sa
destinée, ni son caractère ne le préparent
point à s'exposer aux coups du sort, il semblait que son ame devait succomber au premier trait du malheur. Cet homme cependant,
qui manqua de la force nécessaire pour
préserver son pouvoir, et fit douter de son
courage, tant qu'il en eut besoin pour repousser ses ennemis ; cet homme, dont
l'esprit, naturellement incertain et timide, ne
sut ni croire à ses propres idées, ni même
adopter en entier celle d'un autre; cet homme
s'est montré tout-à-coup capable de la plus
étonnante des resolutions, celle de souffrir et
de mourir.   Louis XVI. s'est trouvé roi,
pendant le premier orage d'une révolution
sans exemple dans l'histoire. Les passions

se disputaient son existence ; il représentait
à lui seul toutes les idées contre lesquelles on
était armé. A travers tant de dangers, il
persista à ne prendre pour guide que les
maximes d'une piété superstitieuse ; mais
c'est à l'époque où la religion seule triomphe
encore, c'est à l'instant où le malheur est
sans espoir, que la puissance de la foi se
développa toute entière dans la conduite de
Louis ; la force inébranlable de cette conviction ne permit plus d'appercevoir dans son
ame l'ombre d'une faiblesse ; l'héroïsme de
la philosophie fut contraint à se prosterner
devant sa simple résignation ; il reçut passivement tous les arrêts du malheur, et se montra
cependant sensible pour ce qu'il aimait,
comme si les facultés de sa vie avaient,
doublé à l'instant de sa mort. Il compta,
sans frémir, tous les pas qui le menèrent du
trône à l'échafaud, et dans l'instant terrible
où lui fut encore prononcé cette sublime
expression : *Fils de Saint-Louis, montez au
ciel.* Telle était son exaltation religieuse,
qu'il est permis de croire que ce dernier
moment même n'appartint point dans son
ame à l'épouvante de la mort.

On ne m'accusera point, je crois, d'avoir
affaibli le tableau de l'influence de la religion

cependent je ne pense pas qu'indépendamment de l'inutilité des efforts qu'on pourrait
faire à cet égard sur soi-même, on doive
compter l'absorbation de la foi au rang des
meilleurs moyens de bonheur pour les hommes. Il n'est pas de mon sujet, dans cette
première partie, de considérer la religion dans
ses relations politiques, c'est-à-dire, dans
l'utilité dont elle doit être à la stabilité et au
bonheur de l'état social, mais je l'examine
sous le rapport de ses effets individuels.

D'abord, la disposition qu'il faut donner à
son esprit pour admettre les dogmes de certaines religions, est souvent, en secret, pénible
à celui qui, né avec une raison éclairée, s'est
fait un devoir de ne s'en servir qu'à de telles
conditions : ramené, par intervalles, à douter
de tout ce qui est contraire à la raison, il
éprouve des scrupules de ses incertitudes, ou
des regrets d'avoir tellement livré sa vie à ces
incertitudes mêmes, qu'il faut ou s'avouer
l'inutilité de son existence passée, ou dévouer
encore ce qu'il en reste. Le cœur est aussi
borné que l'esprit ; par la dévotion propre-
ment dite, ce genre d'exaltation a divers
caractères.

Alors qu'il naît du malheur, alors que
l'excès des peines a jeté l'ame dans une sorte

d'affaiblissement qui ne lui permet plus de se relever par elle-même, la sensibilité fait admettre ce qui conduit à la destruction de la sensibilité, ou du moins ce qui interdit d'aimer de tout l'abandon de son ame. On se fait défendre ce dont on ne pouvait se garantir. La raison combat, avec désavantage, contre les affections passionnées. Quelque chose d'enthousiaste comme elle, des pensées qui, comme elle aussi, dominent l'imagination, servent de recours aux esprits qui n'ont pas eu la force de soutenir ce qu'ils avaient de passionné dans le caractère : cette dévotion se sent toujours de son origine ; on voit, comme dit Fontenelle, *que l'amour a passé par-là;* c'est encore aimer sous des formes différentes, et toutes les inventions de la faiblesse pour moins souffrir, ne peuvent ni mériter le blâme, ni servir de règle générale; mais la dévotion exaltée qui fait partie du caractère au lieu d'en être seulement la ressource; cette dévotion, considérée comme le but auquel tous doivent tendre, et comme la base de la vie, a un tout autre effet sur les hommes.

Elle est presque toujours destructive des qualités naturelles ; ce qu'elles ont de spon-

tané, d'involontaire, est incompatible avec
des règles fixes sur tous les objets. Dans la
dévotion, l'on peut être vertueux sans le
secours de l'inspiration de la bonté, et même
il est plusieurs circonstances où la sévérité de
certains principes vous défend de vous y
livrer. Des caractères privés des qualités
naturelles, à l'abri de ce qu'on appelle la
dévotion, se sentent plus à l'aise pour exercer
des défauts qui ne blessent aucune des loix
dont ils ont adopté le code. Par de-là ce
qui est commandé, tout ce qu'on refuse est
legitime; la justice dégage de la bienfaisance,
la bienfaisance de la générosité; et contens de
solder ce qu'ils croyent leurs devoirs, s'il
arrive une fois dans la vie où telle vertu
clairement ordonnée exige un véritable sacrifice, il est des biens, des services, des con-
descendances de tous les instans, qu'on
n'obtient jamais de ceux qui, ayant tout
réduit en devoir, n'ont pu dessiner que les
masses, ne savent obéir qu'à ce qui s'exprime.
Les qualités naturelles, développées par les
principes, par les sentimens de la moralité,
sont de beaucoup supérieures aux vertus de la
dévotion, celui qui n'a jamais besoin de consul-
ter ses devoirs, parce qu'il peut se fier à tous

ses mouvemens, qu'on pourrait trouver, pour
ainsi dire une créature moins rationnelle, tant
il paraît agir involontairement et comme forcé
par sa nature ; celui qui exerce toutes les
vertus véritables, sans se les être nommées à
l'avance, et se prise d'autant moins, que ne
faisant jamais d'effort, il n'a pas l'idée d'un
triomphe, celui-là est l'homme vraiment vertueux. Suivant une expression de Dryden,
différemment appliquée, la dévotion élève un
mortel jusqu'aux cieux, la moralité naturelle
fait descendre un ange sur la terre :

He raised a mortal to the skies,
But drew an angel down.

On peut encore penser, en reconnaissant
l'avantage des caractères inspirés par leurs
propres penchans, que la dévotion étant d'un
effet général et positif, donne des résultats
plus semblables et plus certains dans l'association universelle des hommes. Mais d'abord
la dévotion a de grands inconvéniens pour les
caractères passionnés ; et n'en eût-elle point, ce
serait comme je l'ai dit, au nombre des événemens heureux, et non des conseils efficaces,
qu'il serait possible de la classer.

J'ai besoin de répéter que je ne comprends
pas, dans cette discussion, ces idées religieuses

d'un ordre plus relevé qui, sans influer sur
chaque détail de la vie, annoblissent son but,
donnent au sentiment et à la pensée quelques
points de repos dans l'abîme de l'infini. Il
s'agit uniquement de ces dogmes dominateurs
qui assurent à la religion beaucoup plus
d'action sur l'existence, en réalisant ce qui
restait dans le vague, en asservissant l'imagination par l'incompréhensible.

Les esprits ardens n'ont que trop de penchant à croire que le jugement est inutile ; et
rien ne leur convient mieux que cette espèce
de suïcide de la raison, abdicant son pouvoir
par son dernier acte, et se déclarant inhabile
à penser, comme s'il existait en elle quelque
chose de supérieur à elle, qui pût décider
qu'une autre faculté de l'homme le ser-
vira mieux. Les esprits ardens sont nécessairement lassés de ce qui est ; et lorsqu'une
fois ils admettent quelque chose de surnaturel,
il n'y a plus de bornes à cette création que
les besoins de l'imagination ; et, s'exaltant
elle-même, elle n'a de repos que dans l'extrême, et ne supporte plus de modifications.

Enfin, les affections du cœur qui sont
inséparables du vrai, sont nécessairement
dénaturées par les erreurs, de quelque genre
qu'elles soient ; l'esprit ne se fausse pas seul ;

et, quoiqu'il reste de bons mouvemens qu'il
ne peut pas détruire, ce qui, dans le sentiment,
appartient à la réflexion est absolument égaré
par toutes les exagérations, et plus particulièrement encore par celle de la dévotion :
elle isole en soi-même, et soumet jusqu'à la
bonté à de certains principes qui en restrei-
gnent beaucoup l'application.

Que serait-ce, si, quittant les idées nuan-
cées, je parlais des exemples qu'il reste encore,
d'intolérance superstitieuse, de piétisme,
d'illumination, etc., de tous ces malheureux
effets du vuide de l'existence, de la lutte de
l'homme contre le tems, de l'insuffisance de
la vie ; les moralistes doivent seulement
signaler la route qui conduit au dernier terme
de l'erreur : tout le monde est frappé des
inconvéniens de l'excès ; et personne ne
pouvant se persuader qu'on en deviendra
capable, l'on se regarde toujours comme
étranger aux tableaux qu'on en pourrait lire.

J'ai donc dû, de toutes les manières, ne
pas admettre la religion parmi les ressources
qu'on trouve en soi, puisqu'elle est absolument
indépendante de notre volonté, puisqu'elle
nous soumet et à notre propre imagination, et
à celle de tous ceux dont la sainte autorité
est reconnue. En étant conséquente au

système sur lequel cet ouvrage est fondé, au système qui considère la liberté absolue de l'être moral comme son premier bien, j'ai dû préférer et indiquer comme le meilleur et le plus sûr des préservatifs contre le malheur, les divers moyens dont on va voir le développement.

SECTION III.

———

CHAPITRE PREMIER.

Que Personne à l'Avance ne redoute assez le Malheur.

L'egoïsme est ce qui ressemble le moins aux ressources qu'on trouve en soi, telles que je les conçois ; l'égoïsme est un caractère qu'on ne peut ni conseiller, ni détruire ; c'est une affection dont l'objet n'étant jamais ni absent, ni infidèle, peut, sous ce rapport, valoir quelques jouissances, mais cause de vives inquiétudes, absorbe, comme la passion pour un autre, sans faire éprouver l'espèce de jouissance toujours attachée au dévouement de soi : d'ailleurs, la personnalité, soit qu'on la considère comme un bien ou comme un mal, est une disposition de l'ame absolument indépendante de sa volonté. On n'y arrive point par effort, on y est au contraire entraîné.

R 2

La sagesse s'acquiert, parce qu'elle est toute composée de sacrifices ; mais se donner un goût, mais s'inspirer un penchant, sont des mots contradictoires.　　Enfin, les caractères passionnés ne sont jamais susceptibles de ce qu'on appelle l'égoïsme; c'est bien à leur propre bonheur qu'ils tendent avec impétuosité ; mais ils le cherchent au-dehors d'eux ; mais ils s'exposent pour l'obtenir ; mais ils n'ont jamais cette personnalité prudente et sensuelle qui tranquillise l'ame, au lieu de l'agiter.　　Et comme cet ouvrage n'est consacré qu'à l'étude des caractères passionnés, tout ce qui n'entre pas dans ce sujet en doit être écarté.

Il s'agit des ressources qu'on peut trouver en soi après les orages des grandes passions ; des ressources qu'on doit se hâter d'adopter, si l'on s'est convaincu de bonne heure de tout ce que j'ai tâché de développer dans l'analyse des affections de l'ame. Sans doute, si le désespoir décidait toujours à se donner la mort, le cours de l'existence ainsi fixé, pourrait se combiner avec plus de hardiesse, l'homme pourrait se risquer, sans crainte, à la poursuite de ce qu'il croit le bonheur parfait : mais qui peut braver le malheur, ne l'a jamais éprouvé !

Ce mot terrible, le malheur, s'entend dans les premiers jours de la jeunesse, sans que la pensée le comprenne. Les tragédies, les ouvrages d'imagination, vous représentent l'adversité comme un tableau où le courage et la beauté se déploient ; la mort ou un dévouement heureux terminent, en peu d'instans, l'anxiété qu'on éprouve. Au sortir de l'enfance, l'image de la douleur est inséparable d'une sorte d'attendrissement qui mêle du charme à toutes les impressions qu'on reçoit ; mais il suffit souvent d'avoir atteint vingt-cinq années pour être arrivé à l'époque d'infortune marquée dans la carrière de toutes les passions.

Alors le malheur est long comme la vie ; il se compose de vos fautes et du sort ; il vous humilie et vous déchire. Les indifférens, les connaissances intimes mêmes, vous représentent, par leurs manières avec vous, le tableau raccourci de vos infortunes : à chaque instant, les mots, les expressions les plus simples vous apprennent de nouveau ce que vous savez déjà, mais ce qui frappe à chaque fois comme inattendu ; si vous faites des projets, ils retombent toujours sur la peine dominante ; elle est par-tout ; il semble qu'elle rende impraticable les réso-

lutions mêmes qui doivent y avoir le moins
de rapport. C'est contre cette peine alors
qu'on dirige ses efforts ; on adopte des plans
insensés pour la surmonter, et l'impossibilité
de chacun d'eux, démontrée par la réflexion,
est un nouveau revers au-dedans de soi. On
se sent saisi par une seule idée, comme sous
la griffe d'un monstre tout-puissant ; on
contraint sa pensée, sans pouvoir la distraire ;
il y a un travail dans l'action de vivre qui ne
laisse pas un moment de repos ; le soir est
la seule attente de tout le jour ; le réveil est
un coup douloureux qui vous représente
chaque matin votre malheur avec l'effet de
la surprise. Les consolations de l'amitié
agissent à la surface ; mais la personne qui
vous aime le plus, n'a pas, sur ce qui vous
intéresse, la millième partie des pensées qui
vous agitent ; de ces pensées qui n'ont point
assez de réalité pour être exprimées, et dont
l'action est assez vive cependant pour vous
dévorer, excepté dans l'amour où, en parlant
de vous, celui qui vous aime s'occupe de
lui ; je ne sais comment on peut se résoudre
à entretenir un autre de sa peine autant
qu'on y pense : et quel bien, d'ailleurs, en
pourrait-on retirer ? La douleur est fixe ; et
rien ne peut la déplacer qu'un événement,

ou le courage ; alors que le malheur se prolonge, il a quelque chose d'aride, de décourageant, qui lasse de soi même, autant qu'il importune les autres ; on se sent poursuivi par le sentiment de l'existence, comme par un dard empoisonné ; on voudrait respirer un jour, une heure, pour reprendre des forces, pour recommencer la lutte au-dedans de soi ; et c'est sous le poids qu'il faut se relever, c'est accablé qu'il faut combattre ; on ne découvre pas un point sur lequel on puisse s'appuyer pour vaincre le reste. L'imagination a tout envahi, la douleur est au terme de toutes les réflexions, et il en arrive subitement de nouvelles qui découvrent de nouvelles douleurs. L'horizon recule devant soi à mesure que l'on avance ; on essaye de penser pour vaincre les sensations, et les pensées les multiplient ; enfin, l'on se persuade bientôt que ses facultés sont baissées ; la degradation de soi flétrit l'ame, sans rien ôter à l'énergie de la douleur ; il n'est point de situation dans laquelle on puisse se reposer ; on veut fuir ce qu'on éprouve, et cet effort agite encore plus ; celui qui peut être mélancolique, qui peut se résigner à la peine, qui peut s'intéresser encore à lui-même, n'est pas malheureux.

Il faut être dégoûté de soi, et se sentir lié à son être, comme si l'on était deux, fatigués l'un de l'autre ; il faut être devenu incapable de toutes les jouissances, de toutes les distractions, pour ne sentir qu'une douleur ; il faut enfin que quelque chose de sombre, desséchant l'émotion, ne laisse dans l'ame qu'une seule impression inquiète et brûlante. La souffrance est alors le centre de toutes les pensées ; elle devient le principe unique de la vie ; on ne se ressent que par sa douleur.

Si les paroles pouvaient transmettre ces sensations tellement inhérentes à l'ame, qu'en les exprimant, on leur ôte toujours quelque chose de leur intensité ; si l'on pouvait concevoir d'avance ce que c'est que le malheur, je ne crois pas que personne pût rejeter, avec dédain, le système qui a pour but seulement d'éviter de souffrir. Des hommes froids, qui veulent se donner l'apparence de la passion, parlent du charme de la douleur, des plaisirs qu'on peut trouver dans la peine, et le seul joli mot de cette langue, aussi fausse que recherchée ; c'est celui de cette femme qui, regrettant sa jeunesse, disait : *c'était le bon tems, j'étais bien malheureuse.* Mais jamais cette expression

même n'eût été prononcée par un cœur passionné. Ce sont les caractères sans véritable
chaleur, qui parlent sans cesse des avantages
des passions, du besoin de les éprouver ; les
ames ardentes les craignent ; les ames ardentes accueilleront tous les moyens de se
préserver de la douleur, c'est à ceux qui
savent la craindre que ces dernières réflexions
sont dédiées ; c'est sur-tout à ceux qui
souffrent, qu'elles peuvent apporter quelque
consolation.

CHAPITRE II.

De la Philosophie.

La philosophie, dont je crois utile et possible aux ames passionnées d'adopter les
secours, est de la nature la plus relevée. Il
faut se placer au-dessus de soi, pour se
dominer ; au-dessus des autres, pour n'en
rien attendre. Il faut que, lassé de vains
efforts pour obtenir le bonheur, on se résolve
à l'abandon de cette dernière illusion qui, en
s'évanouissant, entraîne toutes les autres
après elle. Il faut qu'on ait appris à concevoir la vie passivement, à supporter que
son cours soit uniforme, à suppléer à tout
par la pensée, à voir en elle les seuls événemens qui ne dépendent ni du sort, ni des
hommes. Lorsqu'on s'est dit qu'il est
impossible d'obtenir le bonheur, on est plus
près d'atteindre à quelque chose qui lui
ressemble ; comme les hommes dérangés
dans leur fortune ne se trouvent à l'aise que
lorsqu'ils se sont avoués qu'ils étaient

ruinés. Quand on a fait le sacrifice de ses
espérances, tout ce qui revient à compte
d'elles est un bien imprévu dont aucun genre
de crainte n'a précédé la possession. Il
est une multitude de jouissances partielles
qui ne dérivent point d'une même source,
mais offrent des plaisirs épars à l'homme
dont l'ame paisible est disposée à les goûter :
une grande passion au contraire les absorbe
tous, ne permet pas seulement de savoir
qu'ils existent.

Il n'y a plus de fleurs dans ce parterre
qu'*elle* a parcouru ; son amant n'y peut voir
que la trace de ses pas. L'ambitieux, en
appercevant ces hameaux entourés de tous
les dons de la nature, demande si le gou-
verneur de ce canton a beaucoup de crédit,
ou si les paysans qui l'habitent peuvent
élire un député. Aux yeux de l'homme
passionné, les objets extérieurs ne représentent qu'une idée, parce qu'ils ne sont
jugés que par un seul sentiment. Le
philosophe, par un grand acte de courage,
ayant délivré ses pensées du joug de la
passion, ne les dirige plus toutes vers un
objet unique et jouit des douces impressions
que chacune de ses idées peut lui valoir tour-
à-tour et séparément.

Ce qui conduirait surtout à penser que la
vie est un voyage, c'est que rien n'y
semble ordonné comme un séjour. Voulez-
vous attacher votre existence à l'empire
absolu d'une idée ou d'un sentiment, tout
est obstacle, tout est malheur à chaque pas.
Voulez-vous laisser aller la vie au gré du
vent, qui lui fait doucement parcourir des
situations diverses ; voulez-vous du plaisir
pour chaque jour, sans le faire concourir
à l'ensemble du bonheur de toute la destinée,
vous le pouvez facilement ; et lorsqu'aucun
des événemens de la vie n'est précédé ni
suivi par de brûlans désirs, ni d'amers regrets,
l'on trouve une part suffisante de félicité
dans ces jouissances isolées que le hasard
dispense sans but.

S'il n'était, dans l'existence de l'homme,
qu'une seule époque, la jeunesse, peut-être
pourrait-on la vouer aux grandes chances des
passions ; mais à l'instant où la vieillesse
commande une nouvelle manière d'exister,
le philosophe seul sait supporter cette tran-
sition sans douleur. Si nos facultés, si nos
désirs, qui naissent de nos facultés, étaient
toujours d'accord avec notre destinée, à tous
les âges, on pourrait goûter quelque bonheur;
mais un coup simultané ne porte pas égale-

ment atteinte à nos facultés et à nos désirs.
Le tems dégrade souvent notre destinée
avant d'avoir affaibli nos facultés, affaiblit
nos facultés avant d'avoir amorti nos désirs.
L'activité de l'ame survit aux moyens de
l'exercer, les désirs à la perte des biens dont
ils inspirent le besoin. La douleur de la
destruction se fait sentir avec toute la force
de l'existence ; c'est assister soi-même à
ses funérailles, et violemment attaché à ce
triste et long spectacle, renouveler le supplice
de Mézance, lier ensemble la mort et la
vie.

Quand la philosophie s'empare de l'ame,
elle commence sans doute par lui faire mettre
beaucoup moins de prix à ce qu'elle possède
et à ce qu'elle espère. Les passions rehaus-
sent beaucoup plus toutes les valeurs ; mais
quand ce tarif de modération est fixé, il
subsiste pour tous les âges ; chaque moment
se suffit à lui-même, une époque n'anticipe
point sur l'autre, jamais les orages des
passions ne les confondent ni ne les précipitent. Les années, avec tout ce qu'elles
amènent avec elles, se succèdent tranquille-
ment suivant l'intention de la nature, et
l'homme participe au calme de l'ordre
universel.

. Je l'ai dit, celui qui veut mettre le suicide
au nombre de ses résolutions, peut entrer
dans la carrière des passions ; il peut y abandonner sa vie, s'il se sent capable de la ter-
miner, alors que la foudre aura renversé
l'objet de tous ses efforts et de tous ses vœux ;
mais comme je ne sais quel instinct, qui
appartient plus, je crois, à la nature physique
qu'au sentiment moral, force souvent à conserver des jours dont tous les instans sont une
nouvelle douleur, peut-on courir les hasards,
presque certains, d'un malheur qui fera
détester l'existence, et d'une disposition de
l'ame qui inspirera la crainte de l'anéantir ?
Non que, dans cette situation, la vie ait
encore quelques charmes, mais parce qu'il
faut rassembler dans un même moment tous
les motifs de sa douleur pour lutter contre
l'indivisible pensée de la mort ; parce que le
malheur se répand sur l'étendue des jours,
tandis que la terreur qu'inspire le suicide,
se concentre en entier dans un instant; et que,
pour se tuer, il faudrait embrasser le tableau
de ses infortunes comme le spectacle de sa
fin, à l'aide de l'intensité d'un seul sentiment
et d'une seule idée.

Rien cependant n'inspire autant d'horreur
que la possibilite d'exister uniquement, parce

qu'on ne sait pas mourir ; et comme c'est le
sort qui peut attendre toutes les grandes passions, un tél objet d'effroi suffit pour faire
aimer cette puissance de philosophie, qui
soutient toujours l'homme au niveau de la
vie, sans l'y trop attacher, mais sans la lui
faire haïr.

.La philosophie n'est pas de l'insensibilité,
quoiqu'elle diminue l'atteinte des vives
douleurs ; il faut une grande force d'ame et
d'esprit pour arriver à cette philosophie dont
je vante ici les secours ; et l'insensibilité est
l'habitude du caractère, et non le résultat
d'un triomphe. La philosophie se sent de
son origine. Comme elle naît toujours de la
profondeur de la réflexion, et qu'elle est
souvent inspirée par le besoin de résister à
ses passions, elle suppose des qualités
supérieures, et donne une jouissance de ses
propres facultés tout-à-fait inconnue à
l'homme insensible : le monde lui convient
mieux qu'au philosophe ; il ne craint pas
que l'agitation de la société trouble la paix
dont il goûte la douceur. Le philosophe,
qui doit cette paix au travail de sa pensée,
aime à jouir de lui-même dans la retraite.

La satisfaction que donne la possession de
soi, acquise par la méditation, ne ressemble

point aux plaisirs de l'homme personnel ; il
a besoin des autres ; il exige d'eux, il souffre
impatiemment tout ce qui le blesse ; il est
dominé par son égoïsme ; et si ce sentiment
pouvait avoir de l'énergie, il aurait tous les
caractères d'une grande passion ; mais le
bonheur que trouve un philosophe dans la
possession de soi, est de tous les sentimens,
au contraire, celui qui rend le plus indépendant.

Par une sorte d'abstraction, dont la jouissance est cependant réelle, on s'élève à
quelque distance de soi-même pour se regarder penser et vivre ; et comme on ne veut
dominer aucun événement, on les considère
tous comme des modifications de notre être
qui exercent ses facultés et hâtent de diverses
manières l'action de sa perfectibilite.   Ce
n'est plus vis-à-vis du sort, mais de sa conscience qu'on se place ; et, renonçant à toute
influence sur le destin et sur les hommes, on
se complait d'autant plus dans l'action du
pouvoir qu'on s'est réservé dans l'empire de
soi-même, et l'on fait chaque jour avec bonheur quelque changement ou quelque découverte, dans la seule propriété sur laquelle on
se croit des droits et de l'influence.

Il faut de la solitude à ce genre d'occupation ; et s'il est vrai que la solitude est un moyen de jouissance pour le philosophe, c'est lui qui est l'homme heureux. Non-seulement vivre seul est le meilleur de tous les états, parce que c'est le plus indépendant, mais encore la satisfaction qu'on y trouve est la pierre de touche du bonheur ; sa source est si intime, qu'alors qu'on le possède réelle-ment, la réflexion rapproche toujours plus de la certitude de l'éprouver.

La solitude est, pour les ames agitées par de grandes passions, une situation très-dan-gereuse. Ce repos auquel la nature nous appelle, qui semble la destination immédiate de l'homme ; ce repos dont la jouissance paraît devoir précéder le besoin même de la société, et devenir plus nécessaire encore après qu'on a vécu long-tems au milieu d'elle; ce repos est un tourment pour l'homme dominé par une grande passion. En effet, le calme n'existant qu'autour de lui, contraste avec son agitation intérieure, et en accroît la douleur. C'est par de la distraction qu'il faut d'abord essayer d'affaiblir une grande passion ; il ne faut pas commencer la lutte par un combat corps à corps ; et avant de se hasarder à vivre seul, il faut avoir déjà agi sur soi-même. Les caractères passionnés, loin

s

de redouter la solitude, la désirent ; mais cela
même est une preuve qu'elle nourrit leur
passion, loin de la détruire. L'ame, troublée
par les sentimens qui l'oppressent, se persuade qu'elle soulagera sa peine en s'en
occupant davantage ; les premiers instans où
le cœur s'abandonne à la rêverie, sont pleins
de charmes, mais bientôt cette jouissance
consume. L'imagination qui est restée la
même, quoiqu'on ait éloigné d'elle ce qui
semblait l'enflammer, pousse à l'extrême
toutes les chances de l'inquiétude ; dans
son isolement, elle s'entoure de chimères ;
l'imagination dans le silence et la retraite,
n'étant frappée par rien de réel, donne une
même importance à tout ce qu'elle invente.
Elle veut se sauver du present, et elle se livre
à l'avenir, bien plus propre à l'agiter, bien
plus conforme à sa nature. L'idée qui la
domine, laissée stationnaire par les événemens,
se diversifie de mille manières par le travail
de la pensée, la tête s'enflamme et la raison
devient moins puissante que jamais. La
solitude finit par effrayer l'homme malheureux ; il croit à l'éternité de la douleur qu'il
éprouve. La paix qui l'environne semble
insulter au tumulte de son ame ; l'uniformité
des jours ne lui présente aucun changement

même dans la peine ; la violence d'un tel malheur au sein de la retraite, est une nouvelle preuve de la funeste influence des passions ; elles éloignent de tout ce qui est simple et facile, et quoiqu'elles prennent leur source dans la nature de l'homme, elles, s'opposent sans cesse à sa véritable destination.

La solitude, au contraire, est le premier des biens pour le philosophe. C'est au milieu du monde que souvent ses réflexions, ses résolutions l'abandonnent ; que les idées générales les plus arrêtées, cèdent aux impressions particulières. C'est là que le gouvernement de soi exige une main plus assurée; mais dans la retraite, le philosophe n'a de rapports qu'avec le séjour champêtre qui l'environne, et son ame est parfaitement d'accord avec les douces sensations que ce séjour inspire ; elle s'en aide pour penser et vivre. Comme il est rare d'arriver à la philosophie sans avoir fait quelques efforts pour obtenir des biens plus semblables aux chimères de la jeunesse, l'ame qui pour jamais y renonce, compose son bonheur d'une sorte de mélancolie qui a plus de charme qu'on ne pense, et vers laquelle tout semble nous ramener. Les incidens de la campagne sont tellement analogues à cette disposition morale,

qu'on serait tenté de croire que la Providence
a voulu qu'elle devînt celle de tous les
hommes, et que tout concourût à la leur
inspirer, lorsqu'ils atteignent l'époque où
l'ame se lasse de travailler à son propre sort,
se fatigue même de l'espérance, et n'ambi-
tionne plus que l'absence de la peine. Toute
la nature semble se prêter aux sentimens
qu'ils éprouvent alors. Le bruit du vent,
l'éclat des orages, le soir de l'été, les frimats
de l'hiver ; ces mouvemens, ces tableaux
opposés produisent des impressions pareilles,
et font naître dans l'ame cette douce mélancolie, vrai sentiment de l'homme, résultat de
sa destinée, seule situation du cœur qui laisse
à la méditation toute son action et toute sa
force.

CHAPITRE III.

De l'Etude.

Lorsque l'ame est dégagée de l'empire des passions, elle permet à l'homme une grande jouissance ; c'est l'étude, c'est l'exercice de la pensée, de cette faculté inexplicable dont l'examen suffirait à sa propre occupation, si, au lieu de se développer successivement, elle nous était accordée tout-à-coup dans sa plénitude.

Lorsque l'espoir de faire une découverte qui peut illustrer, ou de publier un ouvrage qui doit mériter l'approbation générale, est l'objet de nos efforts, c'est dans le traité des passions qu'il faut placer l'histoire de l'influence d'un tel penchant sur le bonheur ; mais il y a dans le simple plaisir de penser, d'enrichir ses méditations par la connaissance des idées des autres, une sorte de satisfaction intime qui tient à-la-fois au besoin d'agir et de se perfectionner ; sentimens naturels à l'homme et qui ne l'astreignent à aucune dépendance.

Les travaux physiques apportent à une

certaine classe de la société, par des moyens
absolument contraires, des avantages à-peu-
près pareils dans leurs rapports avec le bonheur. Ces travaux suspendent l'action de
l'ame, dérobent le tems; ils font vivre sans
souffrir: l'existence est un bien dont on ne
cesse pas de jouir; mais l'instant qui succède
au travail, rend plus doux le sentiment de la
vie, et dans la succession de la fatigue et du
repos, la peine morale trouve peu de place.

L'homme, dont il faut occuper les facultés
de l'esprit, obtient de même, par leur exercice,
le moyen d'échapper aux tourmens du cœur.
Les occupations mécaniques calment la
pensée en l'étouffant; l'étude, en dirigeant
l'esprit vers des objets intellectuels, distrait
le même des idées qui dévorent. Le travail,
de quelque nature qu'il soit, affranchit l'ame
des passions dont les chimères se placent au
milieu des loisirs de la vie.

La philosophie ne fait du bien que par ce
qu'elle nous ôte; l'étude rend un partie des
plaisirs que l'on cherche dans les passions.
C'est une action continuelle, et l'homme ne
saurait renoncer à l'action; sa nature lui
commande l'exercice des facultés qu'il tient
d'elle. On peut proposer au génie de se
plaire dans ses propres progrès, au cœur, de

se contenter du bien qu'il peut faire aux
autres; mais aucun genre de réflexion ne
peut donner du bonheur dans le néant d'une
éternelle oisiveté

L'amour de l'étude, loin de priver la vie
de l'intérêt dont elle a besoin, a tous les
caractères de la passion, excepté celui qui
cause tous ses malheurs, la dependance du
sort et des hommes. L'étude offre un but
qui cède toujours en proportion des efforts,
vers lequel les progrès sont certains, dont la
toute présente de la variété sans crainte de
vicissitudes, dont les succès ne peuvent être
suivis de revers. Elle vous fait parcourir
une suite d'objets nouveaux; elle vous fait
éprouver une sorte d'événemens qui suffisent
à la pensée, l'occupent et l'animent sans
aucun secours étranger. Ces jours si semblables pour le malheur, si uniformes pour
l'ennui, offrent à l'homme, dont l'étude remplit le tems, beaucoup d'époques variées.
Une fois il a saisi la solution d'un problême
qui l'occupait depuis long-tems; une autre-
fois une beauté nouvelle l'a frappé dans un
ouvrage inconnu; enfin, ses jours sont mar-
qués entr'eux par les différens plaisirs qu'il
a conquis par sa pensée : et ce qui distingue
sur-tout cette espèce de jouissance c'est que

l'avoir éprouvée la veille, vaut la certitude
de la retrouver le lendemain. Ce qui importe, c'est de donner à son esprit cette impulsion, de se commander les premiers pas ;
ils entraînent à tous les autres. L'instruction
fait naître la curiosité. L'esprit répugne de
lui-même à ce qui est incomplet ; il aime
l'ensemble ; il tend au but, et de même qu'il
s'élance vers l'avenir, il aspire à connaître un
nouvel enchaînement de pensées qui s'offre
en avant de ses efforts et de son espérance.

Soit qu'on lise, soit qu'on écrive, l'esprit
fait un travail qui lui donne à chaque instant
le sentiment de sa justesse ou de son étendue ;
et sans qu'aucune réflexion d'amour-propre
se mêle à cette jouissance, elle est réelle,
comme le plaisir que trouve l'homme robuste
dans l'exercice du corps proportionné à ses
forces. Quand Rousseau a peint les premières impressions de la statue de Pigmalion,
avant de lui faire goûter le bonheur d'aimer,
il lui a fait trouver une vrai jouissance dans
la sensation du *moi*. C'est surtout en com-
binant, en développant des idées abstraites,
en portant son esprit chaque jour au-delà du
terme de la veille, que la conscience de son
existence morale devient un sentiment heureux et vif ; et quand une sorte de lassitude

succéderait à cette exertion de soi-même, ce serait aux plaisirs simples, au sommeil de la pensée, au repos enfin, mais non aux peines du cœur, que la fatigue du travail nous livrerait.

L'ame trouve de vastes consolations dans l'étude et la méditation des sciences et des idées. Il semble que notre propre destinée se perde au milieu du monde qui se découvre à nos yeux ; que des réflexions, qui tendent à tout généraliser, nous portent à nous considérer nous-mêmes comme l'une des millièmes combinaisons de l'univers, et qu'estimant plus en nous la faculté de penser que celle de souffrir, nous donnons à l'une le droit de classer l'autre. Sans doute, l'impression de la douleur est absolue pour celui qui l'éprouve, et chacun la ressent d'après soi seul. Cependant il est certain que l'étude de l'histoire, la connaissance de tous les malheurs qui ont été éprouvés avant nous, livre l'ame à des contemplations philosophiques, dont la mélancolie est plus facile à supporter que le tourment de ses propres peines. Le joug d'une loi commune à tous, ne fait point naître ces mouvemens de rage qu'un sort sans exemple exciterait ; en réfléchissant sur les générations qui se sont suc-

cédées au milieu des douleurs, en observant
ces mondes innombrables, où des milliers
d'êtres partagent simultanément avec nous le
bienfait ou le malheur de l'existence, l'intensité même du sentiment individuel s'affaiblit, et l'abstraction enlève à soi-même.

Quelles que soient les opinions que l'on
professe, personne ne peut nier qu'il est
doux de croire à l'immortalité de l'ame ; et
lorsqu'on s'abandonne à la pensée, qu'on
parcourt avec elle les conceptions les plus
métaphysiques, elle embrasse l'univers, et
transporte la vie bien loin au-delà de l'espace
matériel que nous occupons. Les merveilles
de l'infini paraissent plus vraisemblables.
Tout, hors la pensée, parle de destruction ;
l'existence, le bonheur, les passions sont
soumises aux trois grandes époques de la
nature *naître, croître, et mourir ;* mais la
pensée, au contraire, avance par une sorte de
progression dont on ne voit pas le terme, et,
pour elle, l'éternité semble avoir déjà commencé. Plusieurs écrivains se sont servis
des raisonnemens les plus intellectuels pour
prouver le matérialisme ; mais l'instinct
moral est contre cet effort, et celui qui
attaque avec toutes les ressources de la
pensée la spiritualité de l'ame, rencontre

toujours quelques instans où ses succès
même le font douter de ce qu'il affirme.
L'homme donc qui se livre, sans projet, à
ses impressions, reçoit par l'exercice des
facultés intellectuelles un plus vif espoir de
l'immortalité de l'ame.

L'attention qu'exige l'étude, en détour-
nant de songer aux intérêts personnels, dispose à la mieux juger. En effet, une vérité
abstraite s'éclaircit toujours davantage en y
réfléchissant ; mais une affaire, un événement
qui nous affecte, s'exagère, se dénature
lorsqu'on s'en occupe perpétuellement.
Comme le jugement qu'on doit porter sur
de telles circonstances dépend d'un petit
nombre d'idées simples et promptement
apperçues, le tems qu'on y donne par-delà,
est tout entier rempli par les illusions de
l'imagination et du cœur. Ces illusions,
devenant bientôt inséparables de l'objet
même, absorbent l'ame par l'immense carrière qu'elles offrent aux craintes et aux
regrets. La sage modération des philosophes
studieux depend, peut-être, du peu de tems
qu'ils consacrent à rêver aux événemens de
leur vie, autant que du courage qu'ils mettent à les supporter. Cet effet naturel de
la distraction que donne l'étude, est le plus

efficace secours qu'elle puisse apporter à la
douleur; car aucun homme ne saurait vivre
à l'aide d'une continuelle suite d'efforts. Il
faut une grande puissance de caractère pour
se déterminer aux premiers essais; mais les
succès qu'ils assurent deviennent une sorte
d'habitude qui amortit lentement les peines
de l'ame.

Si les passions renaissaient sans cesse de
leur cendre, il faudrait y succomber; car on
ne peut pas livrer beaucoup de ces combats
qui coûtent tant au vainqueur: mais bientôt
en s'accoutume à trouver de vraies jouissances ailleurs que dans les passions qu'on a
surmontées, et l'on est heureux et par les
occupations de l'esprit, et par l'indépendance
parfaite qu'on leur doit. Trouver dans soi
seul une noble destinée, être heureux, non
par la personnalité, mais par l'exercice de ses
facultés, est un état qui flatte l'ame en la
calmant.

Plusieurs traits de la vie des anciens philosophes, d'Archimède, de Socrate, de Pla-
ton, ont dû même faire croire que l'étude
était une passion; mais si l'on peut s'y
tromper par la vivacité de ses plaisirs, la
nature de ses peines ne permet pas de s'y
méprendre. Le plus grand chagrin qu'on

puisse éprouver, c'est l'obstacle de quelques
difficultés qui ajoutent au plaisir du succès.
Le pur amour de l'étude ne met jamais en
relation avec la volonté des hommes : quel
genre de douleur pourrait-il donc faire
éprouver ?

Dans cette sorte de goût, il n'y a de
naturel que ses plaisirs. L'espérance et la
curiosité, seuls mobiles nécessaires à l'homme,
sont suffisamment excités par l'étude dans
le silence des passions. L'esprit est plus
agité que l'ame ; c'est lui qu'il faut nourrir,
c'est lui qu'on peut animer sans danger ; le
mouvement dont il a besoin se trouve tout
entier dans les occupations de l'étude, et à
quelque degré qu'on porte l'action de cet
intérêt, ce sont des jouissances qu'on augmente, mais jamais des regrets qu'on se prépare. Quelques anciens, exaltés sur les
jouissances de l'étude, se sont persuadés que
le paradis consistait seulement dans le plaisir
de connaître les merveilles du monde ; celui
qui s'instruit chaque jour, qui s'empare du
moins de ce que la Providence a abandonné à
l'esprit humain, semble anticiper sur ces
éternelles délices, et déjà spiritualiser son
être.

Toutes les époques de la vie sont égale-

ment propres à ce genre de bonheur ; d'abord,
parce qu'il est assez démontré, par l'expérience, que, quand on exerce constamment
son esprit, on peut espérer d'en prolonger la
force ; et parce que, dût-on ne pas y parvenir,
les facultés intellectuelles baissent en même-
tems que le goût qui sert à les mesurer, et
ne laissent à l'homme aucun juge intérieur
de son propre affaiblissement. Dans la carrière de l'étude tout préserve donc de souffrir ;
mais il faut avoir agi long-tems sur son ame
avant qu'elle cesse de troubler le libre exercice de la pensée.

L'homme passionné qui, sans efforts pré-
alables, imaginerait de se livrer à l'étude, n'y
trouverait aucune des ressources que je
viens de présenter. Combien l'instruction
lui paraîtrait froide et lente auprès de ces
rêveries du cœur qui, plongeant dans l'absorbation d'une pensée dominante, font de
longues heures un même instant ! La folie
des passions, ce n'est pas l'égarement de
toutes les idées, mais la fixation sur une
seule. Il n'est rien qui puisse distraire
l'homme soumis à l'empire d'une idée unique ;
ou il ne voit rien, ou ce qu'il voit la lui rappelle. Il parle, il écrit sur des sujets divers ;
mais pendant ce tems son ame continue

d'être la proie d'une même douleur. Il
accomplit les actions ordinaires de la vie
comme dans un état de somnambulisme ;
tout ce qui pense, tout ce qui souffre en lui
appartient à un sentiment intérieur, dont la
peine n'est pas un moment suspendue.
Bientôt il est saisi d'un insurmontable dégoût
pour les pensées étrangères à celle qui
l'occupe ; elles ne s'enchaînent point dans sa
tête, elles ne laissent point de trace dans sa
mémoire. L'homme passionné et l'homme
stupide éprouvent par l'étude le même degré
d'ennui, l'intérêt leur manque à tous les
deux ; car, par des causes différentes, les
idées des autres ne trouvent en eux aucune
idée correspondante : l'ame fatiguée s'abandonne enfin à l'impulsion qui l'entraîne et
consacre sa solitude à la pensée qui la poursuit ; mais elle ne tarde pas à se repentir de
sa faiblesse ; la méditation de l'homme passionné enfante des monstres, comme celle du
savant crée des prodiges. Le malheureux
alors revient à l'étude pour échapper à la
douleur ; il arrache un quart-d'heure d'attention à travers de longs efforts ; il se commande telle occupation pendant un tems
limité, et consacre ce tems à l'impatience de
le voir finir ; il se captive non pour vivre,

mais pour ne pas mourir, et ne trouve dans l'existence que l'effort qu'il fait pour la supporter.

Ce tableau ne prouve point l'inutilité des ressources de l'étude; mais il est impossible à l'homme passionné d'en jouir, s'il ne se prépare point par de longues réflexions à retrouver son indépendance; il ne peut, alors qu'il est encore esclave, goûter des plaisirs dont la liberté de l'ame donné seule la puissance d'approcher.

Je relis sans cesse quelques pages d'un livre intitulé: *La Chaumière Indienne;* je ne sais rien de plus profond en moralité sensible que le tableau de la situation du Paria, de cet homme, d'une race maudite, abandonné de l'univers entier, errant la nuit dans les tombeaux, faisant horreur à ses semblables, sans l'avoir mérité par aucune faute; enfin, le rebut de ce monde, où l'a jeté le don de la vie. C'est là que l'on voit l'homme véritablement aux prises avec ses propres forces. Nul être vivant ne le secourt, nul être vivant ne s'interesse à son existence; il ne lui reste que la contemplation de la nature, et elle lui suffit; c'est ainsi qu'existe l'homme sensible sur cette terre; il est aussi d'une caste proscrite; sa langue n'est point

entendue, ses sentimens l'isolent, ses désirs
ne sont jamais accomplis, et ce qui l'environne, ou s'éloigne de lui, ou ne s'en rapproche que pour le blesser. Oh Dieu ! faites
qu'il s'élève au-dessus de ces douleurs dont
les hommes ne cesseront de l'accabler ! Faites
qu'il s'aide du plus beau de vos présens, de
la faculté de penser, pour juger la vie au
lieu de l'éprouver ! Et lorsque le hasard a
pu combiner ensemble la réunion la plus
fatale au bonheur, l'esprit et la sensibilité,
n'abandonnez pas ces malheureux êtres
destinés à tout appercevoir, pour souffrir de
tout ; soutenez leur raison à la hauteur de
leurs affections et de leurs idées ; éclairez-les
du même feu qui servait à les consumer !

CHAPITRE IV.

De la Bienfaisance.

La philosophie exige de la force dans le caractère, l'étude, de la suite dans l'esprit ; mais malheur à ceux qui ne pourraient pas adopter la dernière consolation, ou plutôt la sublime jouissance qu'il reste encore à tous les caractères dans toutes les situations.

Il m'en a coûté de prononcer, qu'aimer avec passion n'était pas le vrai bonheur ; je cherche donc dans les plaisirs indépendans, dans les ressources qu'on trouve en soi, la situation la plus analogue aux jouissances du sentiment ; et la vertu, telle que je la conçois, appartient beaucoup au cœur ; je l'ai nommé *bienfaisance*, non dans l'acception très-bornée qu'on donne à ce mot, mais en désignant ainsi toutes les actions de la bonté.

La bonté est la vertu primitive ; elle existe par un mouvement spontané, et comme elle seule est véritablement nécessaire au bonheur général, elle seule est gravée dans le cœur, tandis que les devoirs qu'elle n'inspire pas, sont consignés dans des codes, que la diversité des pays et des circonstances peut modifier ou présenter trop tard à la connaissance des peuples. L'homme bon est de tous les tems et de toutes les nations ; il n'est pas même dépendant du degré de civilisation du pays qui l'a vu naître ; c'est la nature morale dans sa pureté, dans son essence ; c'est comme la beauté dans la jeunesse où tout est bien sans effort. ' La bonté existe en nous comme le principe de la vie, sans être l'effet de notre propre volonté ; elle semble un don du ciel comme toutes les facultés ; elle agit sans se connaître, et ce n'est que par la comparaison qu'elle apprend sa propre valeur. Jusqu'à ce qu'il eût rencontré le méchant, l'homme bon n'a pas dû croire à la possibilité d'une manière d'être différente de la sienne propre. La triste connaissance du cœur humain fait, dans le monde, de l'exercice de la bonté un plaisir plus vif ; on se sent plus nécessaire en se voyant si peu de rivaux ; et cette pensée anime à l'accomplissement d'une vertu à laquelle le malheur et le crime offrent tant de maux à réparer.

La bonté recueille aussi toutes les vérit-

T 2

ables jouissances du sentiment ; mais elle
diffère de lui par cet éminent caractère où
se retrouve toujours le secret du bonheur ou
du malheur de l'homme ; elle ne veut, elle
n'attend rien des autres, et place sa félicité
toute entière dans ce qu'elle éprouve.
Elle ne se livre pas à un seul mouvement
personnel, pas même au besoin d'inspirer un
sentiment réciproque, et ne jouit que de ce
qu'elle donne. Lorsqu'on est fidèle à cette
résolution, ces hommes mêmes qui trouble-
raient le repos de la vie, si l'on se rendait
dépendant de leur reconnaissance, vous
donnent cependant des jouissances momen-
tanées par l'expression de ce sentiment.
Les premiers mouvemens de la reconnaissance
ne laissent rien à désirer, et dans l'émotion
qui les accompagnent, tous les caractères
s'embellissent ; on dirait que le présent est
un gage certain de l'avenir ; et lorsque le
bienfaiteur reçoit la promesse, sans avoir
besoin de son accomplissement, l'illusion
même qu'elle lui cause est sans danger, et
l'imagination peut en jouir, comme l'avare
des biens que lui procurerait son trésor, si
jamais il le dépensait.

Il y a des vertus toutes composées de
craintes et de sacrifices, dont l'accomplisse-

ment peut donner une satisfaction d'un
ordre trés-relevé à l'ame forte qui les pra-
tique ; mais peut-être, avec le tems, dé-
couvrira-t-on que tout ce qui n'est pas
naturel n'est pas nécessaire, et que la morale,
dans divers pays, est aussi chargée de superstition que la religion. Du moins en parlant
de bonheur, il est impossible de supposer
une situation qui exige des efforts perpé-
tuels ; et la bonté donne des jouissances si
faciles et si simples, que leur impression est
indépendante du pouvoir même de la réflexion. Si cependant l'on se livre à des retours
sur soi, ils sont tous remplis d'espérance ; le
bien qu'on a fait est une égide qu'on croit
voir entre le malheur et soi ; et lors même
que l'infortune nous poursuit, on sait où se
réfugier ; on se transporte par la pensée dans
la situation heureuse que nos bienfaits ont
procuré.

S'il était vrai que, dans la nature des
choses, il se fût rencontré des obstacles à la
félicité parfaite que l'Etre Suprême aurait
voulu donner à ses créatures, la bonté con-
tinuerait l'intention de la Providence,
elle ajouterait, pour ainsi dire, à son pouvoir.

Qu'il est heureux celui qui a sauvé la vie
d'un homme ! Il ne peut plus croire à l'inutilité de son existence ; il ne peut plus être
fatigué de lui-même. Qu'il est plus heureux
encore celui qui a assuré la félicité d'un être
sensible ! On ne sait pas ce qu'on donne
en sauvant la vie ; mais en vous arrachant à
la douleur, en renouvelant la source de
vos jouissances, on est certain d'être votre
bienfaiteur.

Il n'est au pouvoir d'aucun événement de
rien retrancher aux plaisirs que nous a valu
la bonté. L'amour pleure souvent ses
propres sacrifices, l'ambition voit en eux la
cause de ses malheurs ; la bonté, n'ayant
voulu que le plaisir même de son action, ne
peut jamais s'être trompée dans ses calculs.
Elle n'a rien à faire avec le passé ni l'avenir ;
une suite d'instans présens composent sa vie,
et son ame, constamment en équilibre, ne se
porte jamais avec violence sur une époque
ni sur une idée ; ses vœux et ses efforts se
répandent également sur chacun de ses jours,
parce qu'ils appartiennent à un sentiment
toujours le même, et toujours facile à
exercer.

Toutes les passions, certainement, n'éloi-

gnent pas de la bonté ; il en est une sur-tout'
qui dispose le cœur à la pitié pour l'infortune ; mais ce n'est pas au milieu des orages
qu'elle excite, que l'ame peut développer et
sentir l'influence des vertus bienfaisantes.
Le bonheur qui naît des passions est une
distraction trop forte ; le malheur qu'elles
produisent cause un désespoir trop sombre
pour qu'il reste à l'homme qu'elles agitent
aucune faculté libre ; les peines des autres
peuvent aisément émouvoir un cœur déjà
ébranlé par sa situation personnelle ; mais
la passion n'a de suite que dans son idée ;
les jouissances, que quelques actes de bienfaisance pourraient procurer, sont à peine
senties par le cœur passionné qui les
accomplit. Prométhée, sur son rocher,
s'appercevait-il du retour du printems, des
beaux jours de l'été ? Quand le vautour
est au cœur, quand il dévore le principe de
la vie, c'est là qu'il faut porter ou le calme
ou la mort. Aucune consolation partielle,
aucun plaisir détaché ne peut donner du
secours ; cependant, comme l'ame est toujours plus capable de vertus et de jouissances relevées, alors qu'elle a été trempée
dans le feu des passions, alors que son
triomphe a été précédé d'un combat, la

bonté même n'est une source vive de bonheur que pour l'homme qui a porté dans son
cœur le principe des passions.

Celui qui s'est vu déchiré par des affections tendres, par des illusions ardentes, par
des désirs même insensés, connaît tous les
genres d'infortunes, et trouve à les soulager
un plaisir inconnu à la classe des hommes
qui semblent à moitié créés, et doivent leur
repos seulement à ce qui leur manque.
Celui qui, par sa faute, ou par le hasard, a
beaucoup souffert, cherche à diminuer la
chance de ces cruels fléaux, qui ne cessent
d'errer sur nos têtes, et son ame, encore
ouverte à la douleur, a besoin de s'appuyer
par le genre de prière qui lui semble le plus
efficace.

La bienfaisance remplit le cœur comme
l'étude occupe l'esprit ; le plaisir de sa
propre perfectibilité s'y trouve également,
l'indépendance des autres, le constant usage
de ses facultés ; mais ce qu'il y a de sensible
dans tout ce qui tient à l'ame, fait de l'exercice de la bonté une jouissance qui peut
seule suppléer au vuide que les passions
laissent après elles ; elles ne peuvent se
rabattre sur des objets d'un ordre inférieur,
et l'abyme que ces volcans ont creusé, ne

saurait être comblé que par des sentimens
actifs et doux qui transportent hors de vous-
même l'objet de vos pensées, et vous apprennent à considérer votre vie sous le rapport de
ce qu'elle vaut aux autres et non à soi ; c'est
la ressource, la consolation la plus analogue
aux caractères passionnées, qui conservent
toujours quelques traces des mouvemens
qu'ils ont domptés. La bonté ne demande
pas, comme l'ambition, un retour à ce
qu'elle donne ; mais elle offre cependant
aussi une manière d'étendre son existence et
d'influer sur le sort de plusieurs ; la bonté
ne fait pas, comme l'amour, du besoin d'être
aimé son mobile et son espoir ; mais elle
permet aussi de se livrer aux douces émotions du cœur, et de vivre ailleurs que dans
sa propre destinée : enfin, tout ce qu'il y a
de généreux dans les passions, se trouve
dans l'exercice de la bonté, et cet exercice,
celui de la plus parfaite raison, est encore
quelquefois l'ombre des illusions de l'esprit
et du cœur.

Dans quelque situation obscure ou des-
tituée que le hasard nous ait jeté, la bonté
peut étendre l'existence, et donner à chaque
individu un des attributs du pouvoir, l'influence sur le sort des autres. La multitud e

peines que savent causer les hommes les plus
médiocres en tous genres, conduit à penser
qu'un être généreux, quelle que fût sa
position, se créerait, en se consacrant uniquement à la bonté, un intérêt, un but,
un gouvernement, pour ainsi dire, malgré
les bornes de sa destinée.

Voyez Almont ; sa fortune est restreinte,
mais jamais un être malheureux ne s'est
adressé à lui sans que, dans cet instant, il ne
se soit trouvé les moyens de venir à son aide,
sans que du moins un secours momentané
n'ait épargné à celui qui prie le regret d'avoir
imploré en vain ; il n'a point de crédit, mais
on l'estime, mais son courage est connu ;
il ne parle jamais que pour l'intérêt d'un
autre ; il a toujours une ressource à présenter
à l'infortune, et il fait plus pour elle que
le ministre le plus puissant, parce qu'il y
consacre sa pensée toute entière. Jamais
il ne voit un homme dans le malheur,
qu'il ne lui dise ce qu'il a besoin d'entendre,
que son esprit, son ame ne découvrent la
consolation directe, ou détournée, que cette
situation rend nécessaire, la pensée qu'il faut
faire naître en lui, celle qu'il faut écarter,
sans avoir l'air d'y tâcher. Toute cette
connaissance du cœur humain, dont est née

la flatterie des courtisans envers leurs souverians, Almont l'emploie pour soulager les peines de l'infortuné ; plus on est fier, plus on respecte l'homme malheureux, plus on se plie devant lui. Si l'amour-propre est content, Almont l'abandonne ; mais s'il est humilié, s'il cause de la douleur, il le replace, il le relève, il en fait l'appui de l'homme que cet amour-propre même avait abattu. Si vous rencontrez Almont, quand votre ame est découragée, sa vive attention à vos discours vous persuade que vous êtes dans une situation qui captive l'intérêt, tandis que, fatigué de votre peine, vous étiez convaincu, avant de le voir, de l'ennui qu'elle devait causer aux autres ; vous ne l'écouterez jamais sans que son attendrissement, pour vos chargins, ne vous rende l'émotion dont votre ame desséchée étaib devenue incapable ; enfin, vous ne causerez point avec lui, sans qu'il ne vous offre un motif de courage, et qu'ôtant à votre douleur ce qu'elle a de fixe, il n'occupe votre imagination par un différent point de vue, par une nouvelle manière de considérer votre destinée ; on peut agir sur soi par la raison, mais c'est d'un autre que vient l'espérance. Almont ne pense point à faire valoir sa prudence en vous conseillant ; sans vous égarer, il cherche à vous distraire ; il vous observe pour vous soulager ; il ne veut connaître les hommes, que pour étudier comment on les console. Almont ne s'écarte jamais, en faisant beaucoup de bien, du principe inflexible qui lui défend de se permettre ce qui pourrait nuire à un autre ; en réfléchissant sur la vie, on voit la plupart des êtres se renverser, se déchirer, s'abattre, ou pour leurs intérêts, ou seulement par indifférence pour l'image, pour la pensée de la douleur qu'ils n'éprouvent pas. Que Dieu récompense Almont, et puisse tout ce qui vit le prendre pour modèle ! C'est là l'homme tel que l'homme doit désirer qu'il soit.

Sans vouloir méconnaître le lien sacré de la religion, on peut affirmer que la base de la morale, considérée comme principe, c'est le bien ou le mal que l'on peut faire aux autres hommes par telle ou telle action. C'est sur ce fondement que tous ont intérêt au sacrifice de chacun, et qu'on retrouve, comme dans le tribut de l'impôt, le prix de son dévouement particulier dans la part de protection qu'assure l'ordre général. Toutes les véritables vertus dérivent de la bonté, et si l'on voulait faire un jour l'arbre de la morale, comme il en existe un des sciences, c'est à ce devoir, à ce sentiment, dans son acception la plus étendue, que remonterait tout ce qui inspire de l'admiration ou de l'estime.

CONCLUSION.

Je termine ici cette première partie ; mais avant de commencer celle qui va suivre, je veux résumer ce que je viens de développer.

Quoi ! va-t-on me dire, vous condamnez toutes les affections passionnées ? Quel triste sort nous offrez-vous donc sans *mobile*, sans *intérêt* et sans *but ?* D'abord ce n'est pas du bonheur dont j'ai cru offrir le tableau : les alchymistes seuls, s'ils occupaient de la morale, pourraient en conserver l'espoir ; j'ai voulu m'occuper des moyens d'éviter les grandes douleurs. Chaque instant de la durée des peines morales me fait peur, comme les souffrances physiques épouvantent la plupart des hommes ; et s'ils avaient d'avance, je le répète, une idée également précise des chagrins de l'ame, ils éprouveraient le même effroi des passions qui les y exposent. D'ailleurs, on peut trouver dans la vie un *intérêt*, un *mobile*, un *but*, sans être la proie des mouvemens passionnés ; chaque circonstance mérite une préférence

sur telle autre, et toute préférence motive
un souhait, une action ; mais l'objet des
désirs de la passion, ce n'est pas ce qui est,
mais ce qu'elle suppose, c'est une sorte de
fièvre qui présente toujours un but imaginaire
qu'il faut atteindre avec des moyens réels ;
et mettant sans cesse l'homme aux prises
avec la nature des choses, lui rend indispen-
sablement nécessaire ce qui est tout-à-fait
impossible.

Quand on vante le charme que les passions
répandent sur la vie, c'est qu'on prend ses
goûts pour des passions. Les goûts font
mettre un nouveau prix à ce qu'on possède
ou à ce qu'on peut obtenir ; mais les passions
ne s'attachent dans toute leur force qu'à
l'objet qu'on a perdu, qu'aux avantages qu'on
s'efforce en vain d'acquérir. Les passions
sont l'élan de l'homme vers une autre destinée ;
elles font éprouver l'inquiétude des facultés,
le vuide de la vie ; elles présagent, peut-être,
une existence future, mais en attendant elles
déchirent celle-ci.

En peignant les jouissances de l'étude et
de la philosophie, je n'ai pas pretendu prouver
que la vie solitaire soit celle qu'on doit toujours préférer : elle n'est nécessaire qu'à ceux
qui ne peuvent pas se répondre d'échapper à

l'ascendant des passions au milieu du monde;
car on n'est pas malheureux en remplissant
les emplois publics, si l'on n'y veut obtenir
que le témoignage de sa conscience ; on n'est
pas malheureux dans la carrière des lettres,
si l'on ne pense qu'au plaisir d'exprimer ses
pensées, et qu'à l'espoir de les rendre utiles ;
on n'est pas malheureux dans les relations
particulières, si l'on se contente de la jouissance intime du bien qu'on a pu faire, sans
désirer la reconnaissance qu'il mérite ; et
dans le sentiment même, si, n'attendant pas
des hommes la céleste faculté d'un attachement sans bornes, on aime à se dévouer sans
avoir aucun but que le plaisir du dévouement
même. Enfin, si, dans ces différentes situations, on se sent assez fort pour ne vouloir
que ce qui dépend de soi seul, pour ne
compter que sur ce qu'on éprouve, on n'a
pas besoin de se consacrer à des ressources
purement solitaires. La philosophie est en
nous, et ce qui caractérise éminemment les
passions, c'est le besoin des autres ; tant
qu'un retour quelconque est nécessaire, un
malheur est assuré ; mais l'on peut trouver
dans les carrières diverses, ou les passions se
précipitent, quelque chose de l'intérêt qu'elles
inspirent, et rien de leur malheur, si l'on

domine la vie, au lieu de se laisser emporter par elle, si rien de ce qui est vous enfin ne dépend jamais ni d'un tyran au-dedans de vous-même, ni de sujets au-dehors de vous.

Les enfans et les sages ont de grandes ressemblances ; et le chef-d'œuvre de la raison est de ramener à ce qui fait la nature. Les enfans reçoivent la vie goutte à goutte. Ils ne lient point ensemble les trois tems de l'existence. Le désir unit bien pour eux le jour avec le lendemain ; mais le présent n'est point dévoré par l'attente ; chaque heure prend sa part de jouissance dans leur petite vie. Chaque heure a un sort tout entier, indépendamment de celle qui la précède ou de celle qui la suit ; leur intérêt ne s'affaiblit point cependant par cette subdivision ; il renaît à chaque instant, parce que la passion n'a point détruit tous les germes des pensées légères, toutes les nuances des sentimens passionnés, tout ce qui n'est pas elle enfin, et qu'elle anéantit. La philosophie ne peut rendre sans doute les impressions fraîches et brillantes de l'enfance, son heureuse ignorance de la carrière qui se termine par la mort ; mais c'est cependant sur ce modèle qu'on doit former la science du bonheur moral ; il faut descendre la vie, en regardant le rivage

u

plutôt que le but. Les enfans laissés à eux-
mêmes sont les êtres les plus libres ; le bonheur les affranchit de tout. Les philosophes
doivent tendre au même résultat par la crainte
du malheur.

Les passions ont l'air de l'indépendance ;
et dans le fait, il n'est point de joug plus
asservissant. Elles luttent contre tout ce
qui existe ; elles renversent la barrière de la
moralité, cette barrière qui assure l'espace au
lieu de le resserrer ; mais c'est pour se briser
ensuite contre des obstacles toujours renais-
sans, et priver l'homme enfin de sa puissance
sur lui-même. Depuis la gloire, qui a besoin
du suffrage de l'univers, jusqu'à l'amour, qui
rend nécessaire le dévouement d'un seul objet,
c'est en raison de l'influence des hommes sur
nous que le malheur doit se calculer ; et le
seul systême vrai pour éviter la douleur, c'est
de ne diriger sa vie que d'après ce qu'on peut
faire pour les autres, mais non d'après ce
qu'on attend d'eux. Il faut que l'existence
parte de soi au lieu d'y revenir, et que, sans
jamais être le centre, on soit toujours la force
impulsive de sa propre destinée.

La science du bonheur moral, c'est-à-dire
d'un malheur moindre, pourrait être aussi
positive que toutes les autres ; on pourrait

trouver ce qui vaut le mieux pour le plus grand
nombre des hommes dans le plus grand
nombre des situations : mais ce qui restera
toujours incertain, c'est l'application de cette
science à tel ou tel caractère.   Par quelle
chaîne, dans ce genre de code, peut-on lier
la minorité, ni même un seul individu à la
règle générale ? Et celui qui ne peut s'y
soumettre mérite également l'attention du
philosophe.   Le législateur prend les hommes
en masse, le moraliste un à un.   Le législateur
doit s'occuper de la nature des choses, le
moraliste de la diversité des sensations.
Enfin le législateur doit toujours examiner les
hommes sous le point de vue de leurs relations entr'eux : et le moraliste, considérant
chaque individu comme un ensemble moral
tout entier, un composé de plaisirs et de
peines, de passions et de raison, voit l'homme
sous différentes formes, mais toujours dans
son rapport avec lui-même.

Une dernière réflexion, la plus importante
de toutes, reste donc à faire, c'est de savoir
jusqu'à quel point il est possible aux ames
passionnées d'adopter le système que j'ai
développé.   Il faut, dans cet examen, reconnaître d'abord combien des événemens semblables en apparence diffèrent, selon le carac-

tère de ceux qui les éprouvent. Il ne serait
pas juste de vanter autant la puissance
intérieure de l'homme, si ce n'était pas par la
nature et le degré même de cette force,
qu'on doit juger de l'intensité des peines de
la vie. Tel homme est conduit par ses
goûts naturels dans le port où tel autre ne
peut être porté que par les flots de la tempête;
et tandis que tout est calculé d'avance dans
le monde physique, les sensations de l'ame
varient selon la nature de l'objet et de
l'organisation morale de celui qui en reçoit
l'impression. Il n'y a de justice dans les
jugemens qui sont relatifs au bonheur, que si
on les fonde sur autant de notions particulières qu'il y a d'individus qu'on veut connaître. On peut trouver dans les situations
les plus obscures de la vie, des combats et
des victoires dont l'effort est au-dessus de
tout ce que les annales de l'histoire ont consacré. Il faut compter, dans chaque caractère, les douleurs qui naissent des contrastes
de bonheur ou d'infortune, de gloire ou de
revers dont une même destinée offre l'exemple. Il faut compter les défauts au rang
des malheurs, les passions parmi les coups
du sort ; et plus même les caractères peuvent
être accusés de singularité, plus ils com-

mandent l'attention du philosophe. Les moralistes doivent être, comme cet ordre de religieux, placés sur le sommet du mont St-Bernard; il faut qu'ils se consacrent à reconduire les voyageurs égarés.

Excluant jusqu'au mot de pardon, qui semble détruire la douce égalité qui doit exister entre le consolateur et l'infortuné, ce n'est pas des torts, mais de la douleur qu'il importe de s'occuper; c'est donc au nom du bonheur seul que j'ai combattu les passions. Considérant, comme je l'ai dit ailleurs, le crime et ses effets comme un fléau de la nature, qui dépravait tellement l'homme, que ce n'était plus par la philosophie, mais par la force réprimante des loix, qu'il devait être arrêté, je n'ai examiné, dans les passions, que leur influence sur celui même qu'elles dominent. Sous le rapport de la morale, sous le rapport de la politique, il existera beaucoup de distinction à faire entre les passions viles et généreuses, entre les passions sociales et anti-sociales; mais en ne calculant que les peines qu'elles causent, elles sont presque toutes également funestes au bonheur.

Je dis à l'homme qui ne veut se plaindre que du sort, qui croit voir, dans sa destinée,

un malheur, sans exemple avant lui, et ne
s'attache qu'à lutter contre les événemens ;
je lui dis : parcourez avec moi toutes les
chances des passions humaines ; voyez si
ce n'est pas de leur essence même, et non
d'un coup du sort inattendu, que naissent
vos tourmens. S'il existe une situation dans
l'ordre des choses possibles qui puisse vous
en préserver, je la chercherai avec vous,
je tâcherai de contribuer à vous l'assurer ;
mais le plus grand argument à présenter
contre les passions c'est que leur prospérité
est peut-être plus fatale au bonheur de celui
qui s'y livre que l'adversité même. Si vous
êtes traversé dans vos projets pour acquérir
et conserver la gloire, votre esprit peut
s'attacher, à l'événement qui tout-à-coup a
interrompu votre carrière, et se repaître
d'illusions, plus faciles encore dans le passé
que dans l'avenir. Si l'objet qui vous est
enlevé par la volonté de ceux dont il dépend,
vous pouvez ignorer à jamais ce que votre
propre cœur aurait ressenti ; si votre amour,
en s'éteignant dans votre ame, vous eût fait
éprouver ce qu'il y a de plus amer au monde,
l'aridité de ses propres impressions, il vous
reste encore un souvenir sensible, seul bien
des trois quarts de la vie. Je dirai plus,

si c'est par des fautes réelles dont le regret
occupe à jamais votre pensée, que vous
croyez avoir manqué le but où tendait votre
passion, votre vie est plus remplie, votre
imagination a quelque chose où se prendre,
et votre ame est moins flétrie que si, sans
événemens malheureux, sans obstacles insur-
montables, sans démarches à se reprocher, la
passion, par cela seulement qu'elle est elle,
eût, au bout d'un certain tems, décoloré la
vie, après être retombée sur le cœur qui
n'aurait pu la soutenir. Qu'est-ce donc
qu'une destinée qui entraîne avec elle, ou
l'impossibilité d'arriver à son but, ou l'impuis-
sance d'en jouir ?

Loin de moi cependant ces axiomes
impitoyables des ames froides et des esprits
médiocres : *on peut toujours se vaincre, on
est toujours le maître de soi ;* et qui donc
a l'idée non-seulement de la passion, mais
même d'un degré de plus de passion qu'il
n'aurait pas éprouvé, qui peut dire, là finit
la nature morale ? Newton n'eût pas osé
tracer les bornes de la pensée, et le pédant
que je rencontre veut circonscrire l'empire des
mouvemens de l'ame; il voit qu'on en meurt,
et croit encore qu'on se serait sauvé en
l'écoutant : ce n'est point en assurant aux

hommes que tous peuvent triompher de
leurs passions, qu'on rend cette victoire plus
facile ; fixer leur pensée sur la cause de leur
malheur, analyser les ressources que la raison
et la sensibilité peuvent leur présenter, est
un moyen plus sûr, parce qu'il est bien plus
vrai. Quand le tableau des douleurs est
vivement retracé, quelles leçons peuvent
ajouter à la force du besoin qu'on a de cesser
de souffrir ? Tout ce que vous pouvez
pour l'homme infortuné, c'est d'essayer de
le convaincre qu'il respirerait un air plus
doux dans l'asyle où vous l'invitez ; mais si
ses pieds sont attachés à la terre de feu qu'il
habite, vous paraîtra-t-il moins digne d'être
plaint ?

J'aurai rempli mon but, si j'ai donné quelque espoir de repos à l'ame agitée ; si, en ne
méconnaissant aucune de ses peines, en
avouant la terrible puissance des sentimens
qui la gouvernent, en lui parlant sa langue,
enfin, j'ai pu m'en faire écouter ; la passion
repousse tous les conseils qui ne supposent
pas la douloureuse connaissance d'elle-
même, et vous dédaigne aisément comme
appartenant à une autre nature : je le crois
cependant, mon accent n'a pas dû lui
paraître étranger ; c'est mon seul motif pour

espérer qu'à travers tant de livres sur la morale, celui-ci peut encore être utile.

Que je me repentirais néanmoins de cet écrit, si, venant se briser, comme tant d'autres, contre la puissance terrible des passions, il ajoutait seulement à la certitude que croyent avoir les ames froides de la facilité qu'on doit trouver à vaincre les sentimens qui troublent la vie! Non, ne condamnez pas ces infortunés qui ne savent pas cesser de l'être ; vous, de qui leurs destinées dépendent, secourez-les comme elles veulent être secourus ; celui qui peut soulager le malheur, ne doit plus penser à le juger, et les idées générales sont cruelles à l'homme qui souffre, si c'est un autre, et non pas lui, qui les applique à sa situation personnelle.

En composant cet ouvrage, où je poursuis les passions comme destructives du bonheur, où j'ai cru présenter des ressources pour vivre sans le secours de leur impulsion, c'est moi-même aussi que j'ai voulu persuader ; j'ai écrit pour me retrouver, à travers tant de peines, pour dégager mes facultés de l'esclavage des sentimens, pour m'élever jusqu'à une sorte d'abstraction qui me permît d'observer la douleur en mon ame, d'examiner dans mes propres impressions les

mouvemens de la nature morale, et de généraliser ce que la pensée me donnait d'expérience. Une distraction absolue étant
impossible, j'ai essayé si la méditation même
des objets qui nous occupent, ne conduisait
pas au même résultat, et si, en approchant
du fantôme, il ne s'évanouissait pas plutôt
qu'en s'en éloignant. J'ai essayé si ce qu'il
y a de poignant dans la douleur personnelle,
ne s'émoussait pas un peu, quand nous nous
placions nous-mêmes comme une part du
vaste tableau des destinées, où chaque
homme est perdu dans son siècle, le siècle
dans le tems, et le tems dans l'incompréhensible. Je l'ai essayé, et je ne suis pas
sûre d'avoir réussi dans la première épreuve
de ma doctrine sur moi-même : serait-ce
donc à moi qu'il conviendrait d'affirmer son
absolu pouvoir ? Hélas ! en s'approchant,
par la réflexion, de tout ce qui compose le
caractère de l'homme, on se perd dans le
vague de la mélancolie ; les institutions politiques, les relations civiles vous présentent
des moyens presque certains de bonheur
ou de malheur public ; mais les profondeurs
de l'ame sont si difficiles à sonder ; tantôt
la superstition défend de penser, de sentir,
déplace toutes les idées, dirige tous les

mouvemens en sens inverse de leur impulsion naturelle, et sait vous attacher à votre
malheur même, dès qu'il est causé par un
sacrifice ou peut en devenir l'objet ; tantôt
la passion ardente, effrénée, ne sait pas supporter un obstacle, consentir à la moindre
privation, dédaigne tout ce qui est avenir,
et poursuivant chaque instant comme le seul,
ne se réveille qu'au but ou dans l'abyme.
Inexplicable phénomène que cette existence
spirituelle de l'homme qui, en la comparan'
à la matière dont tous les attributs sont
complets et d'accord, semble n'être encore
qu'à la veille de sa création, au chaos qui la
précède !

Un seul sentiment peut servir de guide
dans toutes les situations, peut s'appliquer
à toutes les circonstances, c'est la pitié :
avec qu'elle disposition plus efficace pourrait-
on supporter et les autres et soi-même ?
L'esprit observateur et assez fort pour se
juger, découvre dans lui-même la source de
toutes les erreurs. L'homme est tout entier
dans chaque homme. Dans quels égaremens ne s'est pas souvent perdue la pensée
qui précède les actions, la pensée, ou quelque chose encore de plus fugitif qu'elle ? Il
faut que ce secret intime qu'on ne pourrait

revêtir de paroles, sans lui donner une existence qu'il n'a pas, il faut que ce secret intime serve à rendre inépuisable le sentiment de la pitié.*

On dit qu'en s'abandonnant à la pitié, les individus et les gouvernemens peuvent être injustes ; d'abord les individus d'une con-

* Smith, dans son excellent ouvrage de la Théorie des Sentimens Moraux, attribue la pitié à cette sympathie qui nous fait nous transporter dans la situation d'un autre, et supposer ce que nous éprouverions à sa place. C'est bien là certainement l'une des causes de la pitié : mais l'inconvénient de cette définition, comme de toutes, est de resserer la pensée que faisait naître le mot qu'on a défini : il était revêtu des idées accessoires et des impressions particulières à chaque homme qu'il entendait, et vous restreignez sa signification par une analyse toujours incomplette quand un sentiment en est l'objet ; car un sentiment est un composé de sensations et de pensées que vous ne faites jamais comprendre qu'à l'aide de l'émotion et du jugement réunis. La pitié est souvent séparée de tout retour sur soi-même ; si, par abstraction, vous vous figuriez un genre de douleurs qui exigeât, pour la souffrir, une organisation tout-à-fait différente de la vôtre, vous auriez encore pitié de cette douleur ; il faut que les caractères les plus opposées puissent éprouver de la pitié pour des impressions qu'ils n'auraient jamais ressenties : il faut enfin que le spectacle du malheur remue les hommes par commotion, par talisman, sans examen ni combinaison.

dition privée ne sont presque jamais dans
une situation qui commande de résister à la
bonté ; les rapports avec les autres sont si
peu étendus, les événemens qui offrent quelque bien à faire, sont dépendans d'un si
petit nombre de chances, qu'en se rendant
difficiles sur les occasions qu'on peut saisir,
on condamne sa vie à l'inutile insensibilité.
Je ne sais pas une délibération plus importante que celle qui conduirait à se faire un
devoir de causer une peine, ou de refuser un
service en sa puissance ; il faut avoir si
présent à la pensée la chaîne des idées
morales, l'ensemble de la nature humaine ;
il faut être si sûr de voir un bien dans un
mal, un mal dans un bien. Non : loin de
réprimer, à cet égard, les imprudences des
hommes, on devrait plutôt les détourner de
calculer autant les inconveniens des sentimens généreux, et de s'arroger ainsi un jugement que Dieu seul a droit de prononcer.
Car c'est à la Providence que semble appartenir cette sublime balance où sont pesés les
effets relatifs du bonheur et du malheur.
Les hommes, pour lesquels il n'existe que
des unités, des momens, des occasions,
doivent rarement se refuser aux biens partiels
qu'ils peuvent répandre.

Les législateurs eux-mêmes gouvernent souvent à l'aide d'idées trop générales ; ce grand principe, que l'intérêt de la minorité doit toujours céder à celui de la majorité, dépend absolument du genre de sacrifices qu'on impose à la minorité ; car, en le poussant à l'extrême, on arriverait au système de Robespierre. Ce n'est pas le nombre des individus, mais les douleurs qu'il faut compter ; et si l'on pouvait supposer la possibilité de faire souffrir un innocent pendant plusieurs siècles, il serait atroce de l'exiger pour le salut même d'une nation entière ; mais ces alternatives effrayantes n'existent point dans la réalité. Les vérités d'un certain ordre sont à-la-fois conseillées par la raison et inspirées par le cœur ; il est presque toujours de la politique d'écouter la pitié ; il n'y a pas de milieu entre elle et le dernier terme de la cruauté ; et Machiavel, dans le code même de la tyrannie, a dit : *qu'il fallait savoir s'attacher ceux qu'on ne pouvait faire périr.*

On n'obéit pas long-tems aux loix trop sévères ; mais l'état qui les maintient, sans pouvoir les faire exécuter, a tous les inconvéniens de la rigueur et de la faiblesse. Rien

n'use la force d'un gouvernement comme la
disproportion entre les délits et les peines ; il
se présente alors comme un ennemi, tandis
qu'il doit paraître comme le chef, comme principe regulateur de l'Empire ; au lieu de se confondre, pour ainsi dire, dans votre esprit avec la
nature des choses, il semble un obstacle qu'il
faut renverser ; et l'agitation de quelques-
uns, l'espoir qu'ils copservent, tout insensé
qu'il est, de détruire ce qui les opprime,
ébranle la confiance de ceux mêmes qui sont
contens du gouvernement. Enfin, de quelque manière qu'on réfléchisse sur le sentiment
de la pitié, on le trouve fécond en résultats
prospères pour les individus et pour les nations, et l'on se persuade que c'est la seule
idée primitive qui soit attachée à la nature
de l'homme, parce que c'est la seule dont il
ait besoin pour toutes les vertus comme pour
toutes les jouissances.

Une belle cause finale dans l'ordre moral,
c'est la prodigieuse influence de la pitié sur
les cœurs ; il semble que l'organisation physique elle-même soit destinée à en recevoir
l'impression ; une voix qui se brise, un visage
altéré, agissent sur l'ame directement comme
les sensations ; la pensée ne se met point

entre deux ; c'est un choc, c'est une blessure,
cela n'est point intellectuel ; et ce qu'il y a
de plus sublime encore dans cette disposition
de l'homme, c'est qu'elle est consacrée particulièrement à la faiblesse ; et lorsque tout
concourt aux avantages de la force, ce sentiment lui seul établit la balance, en faisant
naître la générosité ; ce sentiment ne s'émeut
que pour un objet sans défense, qu'à l'aspect
de l'abandon, qu'au cri de la douleur ; lui
seul défend les vaincus après la victoire ; lui
seul arrête les effets de ce vil penchant
des hommes à livrer leur attachement, leurs
facultés, leur raison même à la décision
du succès ; mais cette sympathie pour le
malheur est une effection si puissante, elle
réunit tellement ce qu'il y a de plus fort
dans les impressions physiques et morales,
qu'y résister suppose un degré de dépravation dont on ne peut éprouver trop d'horreur.

. Ces êtres seuls n'ont plus de droits à
l'association mutuelle de misères et d'indulgence qui, en se montrant sans pitié, ont
effacé dans eux le sceau de la nature
humaine : le remords d'avoir manqué à
quelque principe de morale que se soit, est
l'ouvrage de raisonnement, ainsi que la morale
elle-même ; mais le remords d'avoir bravé la

pitié, doit poursuivre comme un sentiment personnel, comme un danger pour soi, comme une terreur dont on est l'objet; on a une telle identité avec l'être qui souffre, que ceux qui parviennent à la détruire, acqui-èrent souvent une sorte de dureté pour eux-mêmes, qui serte encore, sous quelques rapports, à les priver de tout ce qu'ils pourraient attendre de la pitié des autres; cependant, s'il en est tems encore, qu'ils sauvent un infortuné, qu'ils épargnent un ennemi vaincu, et rentrés dans les liens de l'humanité, ils seront de nouveau sous sa sauvé-garde.

C'est dans la crise d'un révolution qu'on entend répéter sans cesse, que la pitié est un sentiment puéril, qui s'oppose à toute action nécessaire, à l'intérêt général, et qu'il faut la reléguer avec les affections efféminées, in-dignes des hommes d'état ou des chefs de parti; c'est au contraire au milieu d'une révolution qué la pitié, ce mouvement invo-lontaire dans toute autre circonstance, devrait être une règle de conduite; tous les liens qui retenaient sont déliés, l'intérêt de parti devient pour tous les hommes le but par excellence: ce but, étant censé renfermer et

x

la véritable vertu et le seul bonheur général,
prend momentanément la place de toute
autre espèce de loi : hors dans un tems où la
passion s'est mise dans le raisonnement, il
n'y a qu'une sensation, c'est-à-dire, quelque
chose qui est un peu de la nature de la passion
même, qu'il soit possible de lui opposer avec
succès ; lorsque la justice est reconnue, on
peut se passer de pitié ; mais une révolution,
quel que soit son but, suspend l'état social, et
il faut remonter à la source de toutes les loix,
dans un moment où ce qu'on appelle un
pouvoir légal, est un nom qui n'a plus de
sens. Les chefs de parti peuvent se croire
assez sûrs d'eux-mêmes pour se guider toujours d'après la plus haute sagesse ; mais il
n'y a rien de si funeste pour eux que des
sectaires privés de l'instinct de la pitié ;
d'abord ils sont par cela même incapables
d'enthousiasme pour les individus ; ces sentimens tiennent l'un et l'autre, quoique par
des rapports différens, à la faculté de l'imagination. La fureur, la vengeance s'allient, sans
doute, avec l'enthousiasme ; mais ces mouvemens qui rendent cruels momentanément,
n'ont point d'analogie avec ce qu'on a vu de
nos jours, un système continuel, et, par con-

séquent, à froid de méconnaître toute pitié. Or, quand cet affreux système existe dans les soldats, ils jugent leurs chefs tout comme leurs ennemis ; ils conduisent à l'échafaud ce qu'ils avaient estimé la veille ; ils appartiennent uniquement à la puissance d'un raisonnement, et dépendent par conséquent de tel enchaînement de mots qui se placera dans leurs têtes comme un principe et des conséquences. On ne peut gouverner la foule que par des sensations. Malheur donc aux chefs qui, en étouffant dans leurs partisans, tout ce qui est humain, tout ce qui est remuable enfin par l'imagination, ou le sentiment, en font des assassins raisonneurs, qui marchent au crime par la métaphysique, et les immolent au premier arrangement de syllabes qui sera pour eux de la conviction.

Cromwel retenait le peuple par la superstition ; on liait les Romains par le serment, les Grecs se laissaient mener par l'enthousiasme qu'ils éprouvaient pour les grands hommes. Si l'espèce de sentiment national, qui faisait en France un point d'honneur de la générosité, de cette pitié des vainqueurs ; si cette espèce de sentiment ne reprend pas

quelque puissance, jamais le gouvernement
n'obtiendra un empire constant et volontaire
sur une nation qui n'aura pas un instinct
moral quelconque, par lequel on puisse l'entraîner et la réunir : car qu'y a-t-il de plus
divisant au monde que le raisonnement ?

Enfin, la pitié est encore nécessaire pour
trouver un terme à la guerre intérieure ; il
n'y a point de fin aux ressources du désespoir, et les discussions les plus habiles,
et les victoires les plus sanglantes ne font
qu'augmenter la haine ; une sorte d'élan de
l'ame, tout composé d'enthousiasme et de
pitié, arrête seul les guerres intestines, et
rappelle également le mot de patrie à tous
les partis qui la déchirent.　Cette commotion
produit plus en un jour que tous les écrits et
les combinaisons politiques ; l'homme lutte
contre sa nature, en voulant donner à l'esprit
seul la grande influence sur la destinée humaine.

Et vous, Français, vous, guerriers invinci-
bles, vous, leurs chefs, vous, qui les avez
dirigés et soutenus par vos intrépides ressources, c'est à vous tous à qui l'on doit les
triomphes de la victoire ; c'est à vous qu'il
appartient de proclamer la générosité !　Sans.

l'exercice de cette vertu, quelle palme nouvelle vous resterait-il encore à recueillir?
Vos ennemis sont vaincus; ils n'offrent plus
aucune résistance; ils ne serviront plus à
votre gloire, même par leurs défaites; voulez-
vous encore étonner? Pardonnez, vous êtes
vainqueurs, la terreur ou l'enthousiasme pro-
sternent à vos pieds plus de la moitié de
l'univers: mais qu'avez-vous, fait encore
pour le malheur, et qu'est-ce que l'homme,
s'il n'a pas consolé l'homme, s'il n'a pas
combattu la puissance du mal sur la terre?
La plupart des gouvernemens sont vindicatifs,
parce qu'ils craignent, parce qu'ils n'osent
être clémens; vous, qui n'avez rien à redouter,
vous, qui devez avoir pour vous la philosophie
et la victoire, soulagez toutes les infortunés
véritables, toutes celles qui sont vraiment
dignes de pitié; la douleur qui accuse est
toujours écoutée; la douleur a raison contre
les vainqueurs du monde: que veut-on, en
effet, du génie, des succès, de la liberté,
des républiques, qu'en veut-on? Quelques
peines de moins, quelques espérances de
plus. Vous, qui rentrerez dans vos foyers,
ou dans une condition privée, que serez-
vous, si vous ne vous montrez pas généreux? Des guerriers pendant la paix, des

génies dans l'art de la guerre ; alors que
toutes les pensées se tourneront vers la prospérité de l'interieur, et que les dangers
passés laisseront à peine des traces. Attachez-
vous à l'avenir par la vertu, fixez la reconnaissance par les bienfaits qui durent ; il
n'est point de capitole, il n'est point de
triomphes qui puissent ajouter à votre éclat :
vous êtes au pinacle de la gloire militaire, la
générosité seule plane encore au-dessus de
vos têtes. Heureuse situation que celle de
la toute puissance, quand les obstacles
n'existent plus au-dehors, quand la force est
en soi-même, quand on peut faire le bien,
sans qu'un motif étranger à la vertu vous
anime, sans que le soupçon d'un tel motif
puisse jamais vous approcher.*

---

* Dans un écrit, publié il y a deux ans, dans un écrit
honoré du suffrage qui pouvait le plus enorgueillir, cité
par M. Fox, plaidant pour la paix devant le parlement
d'Angleterre, J'ai dit: *si l'on ne fait pas le paix avec les
Français cette année, qui sait au centre de quel empire
ils la refuseront l'année prochaine.* (Réflexion sur la paix.)
Jamais prédiction, je crois, ne s'est mieux accomplie. On
pourroit, avec la même degré de certitude, présager quels
seraient les résultats des étonnantes victoires des Français,
s'ils en abusaient, s'ils adoptaient à cet égard un système
révolutionnaire. Mais il y a un si grand foyer de lumières

J'aurais pu traiter la générosité, la pitié, la plupart des questions agitées dans cet ouvrage, sous le simple rapport de la morale qui en fait une loi ; mais je crois la vraie morale tellement d'accord avec l'intérêt général, qu'il me semble toujours que l'idée du devoir a été trouvée, pour abréger l'exposé des principes de conduite qu'on aurait pu développer à l'homme d'après ses avantages personnels ; et comme, dans les premières années de la vie, on défend ce qui fait mal, dans l'enfance de la nature humaine, on lui commande encore ce qu'il serait toujours possible de lui prouver. Heureuse, si j'ai pu convaincre l'intérêt personnel ! Heureuse aussi, si j'avais diminué de son activité, en présentant aux hommes une analyse exacte de ce que vaut la vie ; une analyse qui démontrât que les destinées diffèrent entr'elles bien plus par les caractères que par les situations ; que les plaisirs que l'on peut éprouver,

---

dans ce pays, le gouvernement républicain, par sa nature même, est à la longue tellement soumis à la véritable opinion publique, que les premières conséquences doivent éclairer sur le principe, et qu'on ne persiste pas dans ce qui ruine avec l'aveuglement dont plusieurs cabinets monarchiques ont donné l'exemple pendant cette guerre.

dans quelques circonstances que ce soit, sont soumis à des chances certaines, qui, à la longue, réduisent tout au même terme, et que ce bonheur qu'on croit toujours trouver dans les objets extérieurs, n'est qu'un fantôme créé par l'imagination, qu'elle poursuit après l'avoir fait naître, et qu'elle veut atteindre au-dehors, tandis qu'il n'a d'existence qu'en elle.

FIN.

De l'Imprimerie de J. Gillet, Crown-court, Fleet-street, London.

Lightning Source UK Ltd.
Milton Keynes UK
UKHW020311260320
360897UK00003B/19